普惠之道

李庆萍　方合英◎主编

中信出版集团｜北京

图书在版编目（CIP）数据

普惠之道 / 李庆萍，方合英主编 . -- 北京：中信出版社，2022.8
ISBN 978-7-5217-4476-7

Ⅰ . ①普… Ⅱ . ①李… ②方… Ⅲ . ①商业银行 – 银行业务 – 研究 – 中国 Ⅳ . ① F832.33

中国版本图书馆 CIP 数据核字（2022）第 094186 号

普惠之道
主编： 李庆萍　方合英
出版发行：中信出版集团股份有限公司
（北京市朝阳区惠新东街甲 4 号富盛大厦 2 座　邮编　100029）
承印者：北京诚信伟业印刷有限公司

开本：787mm×1092mm　1/16　　印张：14.75　　字数：143 千字
版次：2022 年 8 月第 1 版　　印次：2022 年 8 月第 1 次印刷
书号：ISBN 978-7-5217-4476-7
定价：65.00 元

版权所有·侵权必究
如有印刷、装订问题，本公司负责调换。
服务热线：400-600-8099
投稿邮箱：author@citicpub.com

本书编写组

主　　编：李庆萍　方合英
成　　员：常　戈　吴　军　谷凌云　康　静　薛锋庆
　　　　　朱立群　宋立松　罗　娟　李垒垒　沙思颖
　　　　　徐鹤龙　王全升　李英博

序

习近平总书记多次指出，要建设普惠金融体系，加强对小微企业、"三农"和偏远地区的金融服务。[①] 普惠金融的重要价值是让更广泛的社会群体获得便利、实惠和安全的金融服务。发展普惠金融，是助力实现共同富裕和经济社会高质量发展的重要手段之一。

植根于中信银行开展普惠金融的长期实践，李庆萍女士和方合英先生组织编写了这本《普惠之道》。这本书既通俗易懂又内涵深刻，既有理论探究又有实践案例，既分析存在问题也提出解决思路，细致呈现了我国普惠金融从无到有、从小到大、从弱变强的发展历程。

书中全面总结国内外普惠金融理论实践，并进行了提炼与升华，分析深入浅出、案例形象生动，特别是有大量来自市场一线和基层机构的调研访谈，有大量鲜活的材料和行之有效的方法模式，更具可读性、参考性和实操性，对于普惠金融的从业者具有积极的研究和借鉴价值。

[①] 2017年7月14至15日，习近平在出席全国金融工作会议并发表重要讲话中谈及此问题。2017年10月28日，习近平在中国共产党第十九次代表大会上的报告中再次谈及此问题。

书中针对普惠金融存在的问题与挑战，思考了未来发展之路，提出了现实解决之策，更展望了普惠金融深度融入党建工作、积极拥抱数字浪潮、助力乡村振兴、建设生态文明和推动共同富裕的光荣使命和美好愿景，努力探求一条更健康、更可持续的普惠金融发展道路。

希望这本书可以帮助读者全方位读懂普惠金融，更期待能够以此为桥梁，支持普惠金融、投身普惠金融，共同推动普惠金融进一步发展壮大，为实现共同富裕、满足人民美好生活需要发挥更加积极的作用。

中信集团党委书记、董事长
朱鹤新

目录

第一章 普惠金融是什么 _1
何谓普惠金融? _3
为什么发展普惠金融? _9
普惠金融服务谁? _15
普惠金融由谁来提供? _18
普惠金融提供什么? _18

第二章 普惠金融的发展历史 _21
普惠金融的国际发展历史 _23
普惠金融的国内发展历史 _27

第三章 普惠金融难在哪儿 _39
顶层政策体系仍不够健全 _41
金融基础设施仍不够完善 _42
小微企业融资仍是难中难 _44
可持续发展路径仍未明确 _56

第四章 普惠金融的国际经验 _59
健全顶层政策制度体系 _61

完善普惠金融基础设施　_68

　　解难小微企业融资困境　_73

　　探索普惠可持续发展路径　_79

第五章　普惠金融的中国实践　_83

　　顶层设计，持续提升政策引领能力　_85

　　查漏补缺，持续完善金融基础设施　_88

　　实事求是，重新认识普惠金融　_96

　　扬长避短，持续探索特色发展模式　_104

　　精准发力，持续改善基础金融服务　_131

第六章　普惠金融的未来发展之路　_141

　　数字普惠成为更加明确的发展方向　_143

　　开放生态成为更加有效的发展模式　_157

　　乡村振兴成为更加重要的前沿阵地　_164

　　共同富裕成为更加光荣的历史使命　_176

　　党建工作成为更加坚强的融合力量　_183

　　附录　近年来普惠金融政策汇总　_189

参考文献　_213

后记　以仁爱之心，行普惠之道　_221

第一章

普惠金融是什么

发展普惠金融，有利于促进金融行业均衡可持续发展，助推经济发展转型升级，推动大众创业、万众创新，增进社会公平、促进社会和谐。党的十八大以来，党中央、国务院高度重视发展普惠金融，将其正式上升为国家战略，明确提出要提高金融服务覆盖率、可得性和满意度，增强所有市场主体对金融服务的获得感和满足感。

何谓普惠金融？

2006年，在亚洲小额信贷论坛上，普惠金融这一概念被正式引入国内，被认为是可以让社会成员普遍享受的，对落后地区和弱势群体给予适当优惠的金融体系。

2015年，国务院印发《推进普惠金融发展规划（2016—2020年）》，对普惠金融做出正式的官方定义——普惠金融立足机会平等要求和商业可持续原则，以可负担的成本，为有金融需求的社会各阶层和群体提供适当、有效的金融服务。

从普惠金融的定义不难看出，普惠金融注重覆盖群体的"普"和服务价格的"惠"。"普"和"惠"是普惠金融的核心内涵，二者相辅相成，没有"普"的"惠"和没有"惠"的"普"，都不是真正的普惠金融。一方面，普惠金融的核心是"普"，是让金融服务触达实体经济的"细枝末节""毛细血管"中的各类普惠客户，覆盖所有社会成员或阶层，真正实现"普罗大众、不让一人掉队"。当然，这里不是要求所有人都使用金融服务，而是强调享有金融服务是所有人生来被赋予的"平等权利"，体现的是一种"平等权利"的观念，和"不让一人掉队"的原则。另一方面，普惠金融的关键在"惠"，着重体现金融服务不是"输血式"救济，而是"脚踏实地"的"造血式"服务，要以可负担的成本提供有效、适当的金融服务，让普惠客群能借助一笔小额贷款、一个储蓄账户，抑或是一项保险，给自身带来巨大改变，真正实现"惠及百姓、让实惠货真价实"。具体来看，普惠金融主要体现在以下四个方面。

"权利"我也要

普惠金融意味着要"普"，要有强大的"包容性"。传统金融机构服务的价值取向是高端客户和富人，更喜欢"锦上添花"，而不愿意"雪中送炭"。"大机构"不愿做"小生意"，导致未能对有金融需求的客户实现全覆盖，存在较多短板，使大量小微企业、农业人口游离于金融服务范围之外。

同时，不同于片面强调帮助弱势群体的传统扶贫模式，普惠金融更重视以更市场化的手段满足落后地区、贫困人口、小微企业、低收入者的金融需求，致力于以各类型金融机构的共同参与，通过政策引导、资源配置，建立一个惠及所有社会成员的金融体系，把那些或因无利可图或因风险不可期而受到排斥的小微企业、农业人口等群体包容进来，将可负担的金融服务尽可能引导至传统金融未覆盖的落后地区和弱势群体，让弱势群体获得公平合理的产品服务，让最大多数人群分享金融发展成果。

当前，在各级政府的支持鼓励下，各类金融机构以各种形式广泛参与普惠金融发展，依托互联网技术的进步，将普惠金融推向一个新的高度，金融服务门槛迅速降低，小额理财、小额贷款等产品越来越丰富，普惠金融可得性得到大幅提升。

人人用得起

普惠金融意味着价格要"惠"，要"合理、可负担"，所以价格是否合理是衡量普惠金融服务的关键指标。这主要包含两层含义：一是要具有一定的消费者剩余，让消费者感觉到价格优惠，或者不存在过度的价格排斥和歧视；二要具有一定的生产者剩余，让金融机构成本可负担、商业可持续。

在金融发展过程中，受供需不平衡等因素影响，落后地区和弱势群体往往被排除在金融市场之外，或者在享受金融服务时负担较高成本。很多贫困人口没有自己的银行账户，低收入者和小微企业很难从正规金融机构获得融资支持，需要资金时往往只能通过民间借贷或高利贷，从而支付远高于正规金融机构的融资成本。按照金融资产定价的基本原理，金融服务和产品的价格应该符合成本加成的原则，符合市场供需平衡的基本规律，符合供需双方的共同利益，这样才可维持商业模式的可持续性。但普惠金融具有特殊性，如果完全按照市场定价，金融机构往往会按照信用状况最差的情形进行边际定价，以获得信息不对称下对"酸柠檬"①的风险溢价补偿。因此，在信贷配给约束下，定价直接失去调节供需的功能，普惠群体的价格变得无限大，最终转变为可得性问题。因此普惠金融定价究竟该"惠"到什么程度，是一个复杂的技术性问题，需要设计一套合理精确的定价机制。

服务能得到

普惠金融意味着服务要"便利"，客户能够随时随地享受金融服务，要在可得性的前提下，衡量获得金融服务的时间成本、空间成本和交易成本。这就要求：一方面，要照顾到传统金融未涉及的落后地区和弱势群体；另一方面，不能片面强调弱势群体的利益和过于偏重公益性而忽略金融的本质，要平等对待金融服务对象。

相对而言，为弱势群体服务成本高、风险大、利润少，因而要通过政策引导、科技赋能等措施，逐步改善弱势群体享受金融

---

① 详见美国经济学家阿克尔洛夫的柠檬市场理论。

服务的环境，最终达到"实质公平"，让所有人平等地享受金融服务。随着数字技术的加速普及，普惠金融的便利性有了快速提升，很多金融服务已经不依赖网点，存款、支付、理财、储蓄、信贷、保险等很多基本金融服务都在网上可以完成，不受地域限制，也不受时间限制，交易成本也在持续降低，风险防控水平持续提高，服务内容不断丰富，普惠金融体系持续完善。

底线要守牢

普惠金融意味着业务风险要符合"可控性"原则。这是因为，普惠金融客群业务风险往往相对较高：从地域来看，这类客群主要分布在边远地区、农村、城乡接合部；从主体来看，这类客群主要是小微企业、低收入群体等弱势群体及个人；从资质来看，这类客群通常财务制度不健全，数据真实性相对较差。因此，在提升普惠金融服务可得性的前提下，也要加强风险防范意识，从内控合规入手，积极发展金融科技，实现全流程监控，及时发现并整治乱象，正本清源，既服务好普惠金融群体，又牢牢守住安全底线。同时，防范和化解相关风险需要相关部门积极作为，推动建立和完善风险分担及补偿机制，引导各方资金支持普惠金融发展：一是关注相关金融服务的合法性；二是金融账户和托管资金的安全性；三是加大对金融消费者权益的保护力度，在普惠性、安全性之间找到平衡。

综上所述，普惠金融是通过完善金融基础设施，将可负担的金融服务引导至传统金融未能覆盖的群体，并提供多样化的产品和全方位的服务，建立让所有人平等享受金融服务的良性发展机制，在理论研究和实践操作中，需要与以下概念严格区分开来。

1. 普惠金融不是转移支付。

财政转移支付是一种资金单向流动，是政府面向特殊群体，单方面把部分财政资金所有权无偿转移出去而发生的支出，如社会福利、财政抚恤、财政补贴等。而普惠金融的本质仍然是金融，讲究"有借有还"，讲究商业可持续，既要满足受众群体的需求，也要让供给方合理受益。商业可持续是普惠金融发展的前提，也是普惠金融区别于财政转移支付及公益资助等的重要属性。

2. 普惠金融不是社会救助。

社会救助的服务对象主要是社会弱势群体，根本目的是扶贫济困，保障困难群体最低生活需求。而普惠金融服务的贫困贷款对象是有发展潜力、偿还能力，只是缺少资金的贫困者。没有劳动能力的贫困群体属于社会保障范围，而不是金融服务的对象。金融机构提供普惠金融服务需综合考虑贷款者资质及还款风险，因此不能将普惠金融等同于社会救助。此外，普惠金融服务对象不局限于贫困群体，还包括有经济行为和偿还能力但不符合现行金融服务条件的其他社会群体。

3. 普惠金融不是小额信贷。

普惠金融是小微信贷和微型金融的发展和延伸，旨在将小额信贷及微型金融所涉及的零散的机构和服务有机整合为一个系统。普惠金融的内涵非常丰富，基本形态不仅包括小额信贷、农村金融、微型金融等，还包括储蓄、信贷、汇兑、支付、保险、理财、证券等所有金融产品和服务，不能将信贷作为唯一标准。

4. 普惠金融不是全民金融。

普惠金融可以解决小微企业、个体工商户以及新型农业经营主体等广大普惠金融客群融资难的问题，可以促进就业、活跃经济、稳定民生，强调全民平等享受现代金融服务的金融公平理念。但发展普惠金融不是要全民偏离实体主业搞金融，更多的是为传统上难以获得服务的群体提供信贷服务。

5. 普惠金融不是商业金融。

普惠金融和商业金融的最大区别体现在经营目标上：商业金融以追求利润最大化为经营目标，而普惠金融具有商业可持续发展和满足消费者合理金融需求的双重经营目标，旨在发展更接近目标市场、拥有更完善社区知识且拥有更有效信贷技术的金融机构，以弥补当前金融体系的不足，帮助传统上难以获得信贷服务的贫困群体摆脱贫困陷阱。

为什么发展普惠金融？

近年来，发展普惠金融的呼声越来越高，实践也越来越有成效，已经逐步成为各国政策和金融机构的共识。

发展普惠金融是大势所趋

普惠金融是一项恩泽大众、造福人民、前景光明、意义重大、大有作为的事业，对全面建成小康社会、推动共同富裕、开启建设社会主义现代化强国新征程具有重要意义。

1. 这是推动共同富裕的需要。

受各种客观条件限制,发展中国家普遍通过实行金融抑制政策来调配有限的金融资源推动经济发展。长期来看,这种金融抑制不能发挥金融体系有效配置资金的功能,导致了不仅没有缩小收入差距,反而加剧了贫富分化的局面。以我国为例,存款、理财、信托等投资收益差距非常大,虽然存款保本保收益,但在一定历史阶段内,理财、信托收益高且隐性刚兑。由于理财和信托这些高收益产品和服务都有较高的准入门槛,结果只能让部分高收入人群享受到,大量的低收入人群反而无缘高收益产品,从而直接拉大了收入差距。

2. 这是修正体系缺陷的需要。

当前,我国经济社会发展仍然呈现出不平衡不充分的矛盾,金融发展也存在结构性的失衡。传统金融机构普遍偏好大客户大项目大业务,崇尚"规模为王"的经营理念,长期同质化发展。一方面,部分大型国有企业和政府单位存在资金闲置等过度金融服务现象;另一方面,大量小微企业和低收入群体得不到平等的金融服务。随着我国经济由高速增长阶段转向高质量发展阶段,这些过去非均衡发展战略导致的短板急需拉长,需要我们在促进金融深化的同时,提高经济发展的包容性,将经济发展成果分享给更多的群体(见图1-1)。

3. 这是国家长治久安的需要。

小微企业是经济和社会发展的生力军,也是扩大就业、改善

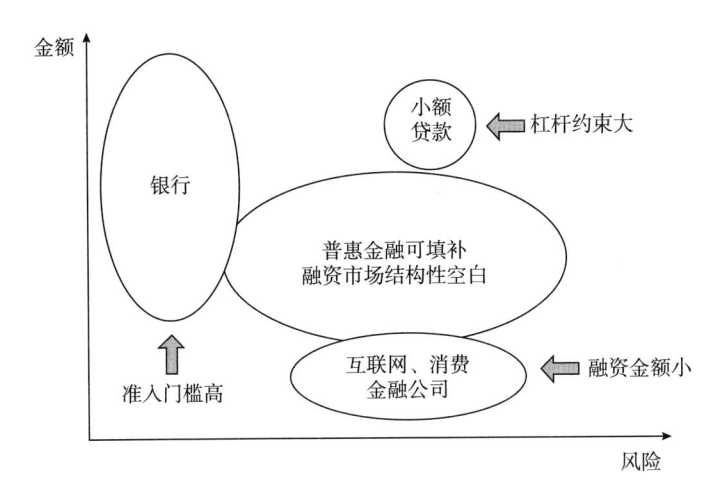

[图示说明：纵轴为金额，横轴为风险。图中包含"银行"（准入门槛高）、"小额贷款"（杠杆约束大）、"互联网、消费金融公司"（融资金额小），以及"普惠金融可填补融资市场结构性空白"。]

图1-1 普惠金融提供什么?

民生的重要支撑，对经济、社会等各个方面都起着基础性和全局性的作用。然而从个体来看，它们又表现出明显的脆弱性，普遍存在缺信息、缺信用、缺资金、面对风险较为脆弱等问题，在与金融机构打交道的过程中往往处于劣势，易产生排斥性问题，所以小微企业融资难、融资贵成为全球性发展难题。此外，贫困人口也有金融服务需求，比如他们有储蓄的需求、有满足生产生活的信贷需求、有预防风险的保险需求，通过普惠金融满足上述需求，可以有效抵御生活中的外部风险冲击。实证研究也表明，普惠金融确实在一定程度上有利于提升居民生活收入。

4. 这是推动经济发展的需要。

金融的根本出发点是服务实体经济和社会发展，从目前我国经济结构调整和高质量发展阶段来看，需要平衡城乡之间、大企业和中小企业之间、国企和民企之间以及富裕人群和贫困人群之间的不均衡状态,将更多资源引导到发展不充分、落后的领域。普惠金融是实现这一结构调整的重要举措,通过金融手段,配合财政和产业等政策,促进资源和要素的倾斜和支持,从而最终达到均衡、和谐发展。但同时,普惠金融不是无原则地降低金融服务的标准和门槛。"授人以鱼不如授人以渔",对普惠群体而言,最重要的是得到资源和机会。普惠金融政策可以为他们提供充分了解金融服务的机会,有效激励普惠群体提升还本付息的能力,从而形成经济的良性循环。

发展普惠金融必大有可为

对于金融机构尤其是国有商业银行来说,发展普惠金融不是选择题,而是必答题;不是愿不愿意做的问题,而是用什么办法能做好做优的问题。幸运的是,普惠金融业务也有其独特的优势,有足够的发展空间。

1. "普惠"有优势。

普惠客户的金融服务需求有着"短、小、频、急、快"的特点,相比于大企业、政府类客户没有优势。但随着信息技术的应用、数字平台的延伸和定向政策的支持,普惠金融的规模效应越来越明显,金融机构服务成本越来越低,这也是普惠金融实现"量增、面扩"的基础。一方面,普惠获客边际成本递减、规模效应显著。金融机构在转型、产品服务创新等领域花费了巨大的人力、物力、财力,这些对于金融机构而言是经营过程中产生的"固定成本"和"沉没成本"。随着信息技术的应用、数字平台的延伸和定向政策的支持，金融机构服务交易金额小但数量庞大的长尾客户的服务成本越来越低，同时，随着普惠客户的积累，服务渗透率和人群触达率的提高，规模效应逐步显现。在普惠金融业务的不断发展过程中，金融机构普惠金融产品定价更准确、风控更先进，单位人员、单个平台、单个终端的投入带来的业务质量更好、营收更高。另一方面，普惠客户黏性大，忠诚度高。普惠金融需要重点覆盖的是长期被传统金融排斥的特殊群体。这些群体接触金融服务较少甚至没有享受过金融服务，对接受自己的第一家金融机构依赖度、信任度相比于传统客户更高，"先入为主"的观念让客户较长时间黏附在首次接触的金融机构，有很高的忠诚度。例如，农村地区的农户、老年人、城市中低收入人群也许终其一生就只有一个账户、一张银行卡、一份养老保险。

2. "普惠"有方向。

普惠金融"普"的方向都是处于实体经济的"细枝末节""毛细血管"中的群体，越是现有金融体系无法触达的，越是普惠金融应该拓展的。由于各式各样的客观因素限制，全社会成员间、群体间在地域、行业、年龄等方面，都存在享受金融服务的巨大差异。总体而言，小微企业、农民、城镇低收入人群、贫困人群和残疾人、老年人等特殊群体，恰是普惠金融需要重点推动"普"及的对象和领域。一是在地域上，普惠金融应该向中西部欠发达地区、偏远地区、革命老区拓展，向乡镇、农村等基层单位拓展，向金融发展不均衡、服务不充分的区域拓展。二是在行业上，普惠金融应该向制造业、服务业等吸收了众多基层就业人口、拥有大量小微企业、普惠客户基础雄厚的重点行业扩展。三是在年龄上，普惠金融应该向老年人等金融知识更加匮乏的群体拓展。四是在服务上，在重点解决小微企业融资难融资贵问题的基础上，要重点满足广大普惠客户对保险、结算等基础金融服务的迫切需求。

3."普惠"有方法。

普惠金融可以从机构、监管、技术、服务和政策等维度，构建多层次的普惠金融生态体系，依托整个生态体系实现参与各方协同发展。一是做好"首贷"金融服务的拓展。普惠金融发展成效显著，特别是小微企业贷款作为普惠金融的重点领域，有着长足的发展。但小微企业贷款额增长的背后，存在着"抢客户"，给优质小微企业过度集中授信、过度金融支持的问题。普惠金融发展更多体现在金融服务密度的提升上，而在普惠金融服务的广度上尤其是"首贷户"拓展上仍然存在不足。普惠金融机构应发挥各自优势，将资源集中在实体经济的"毛细血管"中，寻找金融服务尚未覆盖的领域。二是做好"协同"金融服务的扩展。发挥普惠金融生态体系协同作用，动员普惠领域的所有参与者，聚合各自优势，联合经营，优势互补，把服务精准输送到各自经营的"盲区"，可以实现新普惠领域、新普惠群体的拓展。商业银行发挥资金实力雄厚、人才储备丰富的优势，小额贷款、消费金融、新型农村合作金融机构发挥贴近基层、熟悉特定客户的优势，互联网金融公司或金融科技公司发挥技术先进、场景丰富的优势，担保公司、政府融资担保发挥保险的杠杆、风险缓释的作用，政府机构发挥多部门信息整合的行政力量，第三方中介发挥信息共享、技术支持作用，通过"几家抬"协同合力，实现服务拓展成本的降低，从而覆盖更为广泛的群体。三是做好"科技"金融服务的运用。伴随互联网、云计算、大数据等新一代科技浪潮，金融服务基础设施大幅改善，一系列技术红利为推动普惠金融跨越式发展提供了可能。移动互联技术的广泛应用打破了地域限制，为"普"提供了便利条件；大数据的收集和应用打破了信息不对称，提高了审批效率和风控能力，降低了作业时间和操作成本，让"惠"有了更大空间。

普惠金融服务谁？

目前在我国的金融体系中，对企业而言，大中型企业等可以通过多种渠道以相对较低的价格获取发展所需要的资金，但小微企业获取资金困难的问题一直难以解决；对个人而言，财产较多或收入较高的阶层和人群能享受更多更好的金融服务，财产或收入没达到一定水平的人群或者不能享受到专业金融服务，或者不能享受到公平的价格和数量。要实现普惠金融的发展目标，迫切需要澄清一些重大问题。比如，普惠金融为哪些人服务？这些人有什么特征？

普惠金融的"普"，一方面代表了金融服务的包容性和广泛性，另一方面也体现出金融服务的可得性和覆盖率。国际上，将普惠金融的服务对象聚焦于社会低收入人群、创业和失业人群、残疾人等弱势群体。在国内也大体相同，小微企业、农民、城镇低收入人群、贫困人群、残疾人、老年人等特殊群体是重点服务对象。

为小微企业服务

我国的小微企业数量众多，在经济和社会发展中发挥重要作用。普惠金融可以解决创新创业浪潮下个体工商户、私营企业主、初创期的小微企业等融资难的问题，促进就业、活跃经济、稳定民生。但小微企业的风险特征决定其利率水平要普遍高于大中型企业或高端客户。其本质也决定了政府必须对普惠金融或普惠金融服务对象有所扶持。2015年，台州成为国家小微企业金融服务改革创新试验区，设立浙江（台州）小微金融研究院，编制"小微金融指数（台州样本）"，形成"专注实体、深耕小微、精准供给、稳健运行"的小微企业金融服务台州模式，并在全国范围内广泛复制推广。

为农民服务

乡村振兴是发展普惠金融的广阔舞台。普惠金融是推动农业产业化、促进新型农业经营主体快速成长和带动农户致富的重要力量，是实现农业生产经营现代化和村镇居民生活城镇化发展的重要着力点。中国银行发挥自身品牌、资源和富登金控丰富的微型金融经验优势，以"三农、小微"为定位，设立中银富登村镇银行，积极探索中国特色的大型银行微型金融之路，建立起覆盖全国的县域农村金融服务网络，为县域农村的小微、"三农"等金融发展做出了积极贡献。

为低收入者和弱势群体服务

普惠金融服务的重点对象之一是低收入人群，通过广泛、大量的资金支持，激发低收入者和弱势群体内生发展动力，实现稳定脱贫和可持续发展。中信银行 2019 年面向老年客户推出"幸福+"版手机银行 App（应用程序），在客户首次使用时提供动图指引，在"健康银行"模块提供名医问诊、血糖管理、健康讲堂等专属服务，并升级首页及高频交易页面读屏和语音交互、问候提醒等功能，以更加贴合老年客户的需求。微众银行作为国内首家民营银行，积极关注听障者等特殊群体的金融需求，推出"手语客服"，听障群体可与专门的手语客服进行交流，消弭了沟通障碍。

为人人服务

多层次的实体经济要求多层次的金融服务，而普惠金融正是加大对实体经济支持力度的重要载体，惠及社会各类群体。普惠金融的提供方一般应是拥有健全治理结构和管理水平、拥有财务和组织上的可持续发展能力、拥有多样化金融产品和服务的金融机构。传统研究往往立足于特定弱势群体设计金融机构、市场和产品体系，往往忽视了更多的人和更多的群体的覆盖性。如果推行普惠金融要求限定金融资源特定流向弱势群体，那么将导致另外一些群体遭遇福利损失，这一制度也将难以实现有效性和可持续性。

普惠金融由谁来提供？

当前，我国基本形成涵盖商业银行、保险公司、证券公司、基金公司等不同性质的普惠金融机构体系。普惠金融产品和服务供给方既包括政策性银行、大型国有银行、股份制银行、城商行、农商行、农信社等银行业金融机构，也包括小额贷款公司、消费金融公司、汽车金融公司、典当行、金融租赁公司和融资担保机构等非银行业金融机构，各类机构分工明晰、定位准确、互为补充、协作顺畅。

中国银保监会官网信息显示，截至2021年年末，全国共有4 602家银行业金融机构。其中，开发性金融机构1家，政策性银行2家，国有大型商业银行6家，股份制商业银行12家，城市商业银行128家，农村商业银行1 596家，村镇银行1 651家，农村信用社577家，民营银行19家，企业集团财务公司255家，金融租赁公司71家，信托公司68家，外资法人银行41家，金融资产管理公司5家，住房储蓄银行1家，农村合作银行23家，汽车金融公司25家，消费金融公司30家，贷款公司13家，农村资金互助社39家，货币经纪公司6家，其他金融机构33家。

普惠金融提供什么？

普惠金融服务对象的金融需求多种多样、各不相同。其中，小额借贷是普惠金融产品和服务的核心，也是当前的难点和重点。

除此之外，普惠金融还提供储蓄、支付、结算、理财、抵押、租赁、代理、保险、投融资、养老金、汇兑、金融教育等服务（见图1-2）。

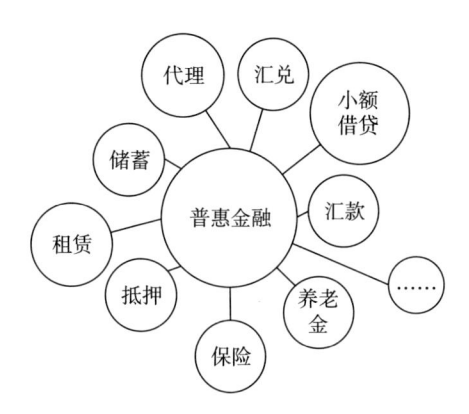

图1-2 普惠金融提供什么？

第二章

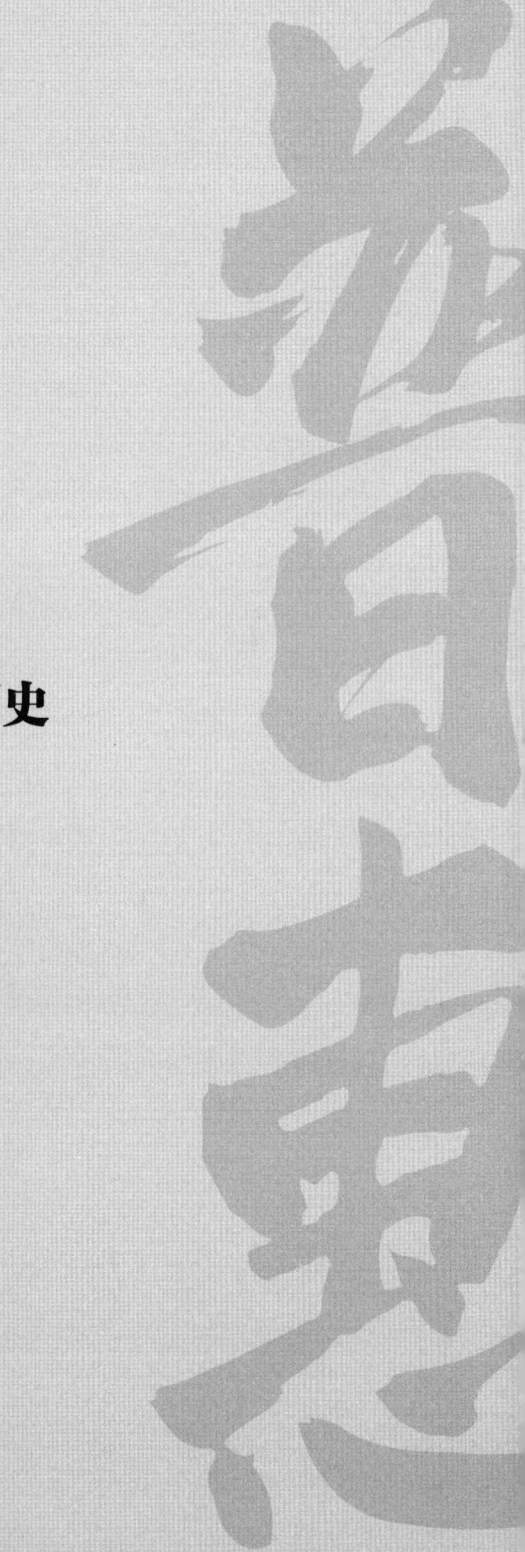

普惠金融的发展历史

普惠金融的国际发展历史

普惠金融作为一个新生领域和新兴概念，21世纪初期才纳入现代主流金融话语体系。但是，世界许多国家的政府和宗教社会团体与之相关的理论和实践探索却开始得较早，长期探索为贫困和弱势群体扩展金融服务渠道，普及和发展势头也极为迅猛。

早在15世纪，意大利修道士就通过典当行为弱势群体提供融资服务，并在欧洲广泛推广，在一定程度上抑制了高利贷利率。这种形式虽然不具有完全的普惠意义，但是与普惠金融在理念上是共通的。

18~19世纪，欧洲开始出现邮政储蓄金融向低收入者提供金融服务的情形。如爱尔兰18世纪初出现的"贷款基金"，基金来源于捐赠，用于向贫困农户提供无抵押、无利息的小额贷款，并通过"共同监督"机制来保证借款人每周分期还款。1823年,爱尔兰通过特别法案,将"贷款基金"由慈善机构变更为金融中介机构,允许其收取利息和吸收存款。鼎盛时期,爱尔兰共发展了约300家该类机构,覆盖了爱尔兰约20%的家庭。19世纪80年代,德国成立储蓄银行,专门服务手工业者、个体经营者等弱势群体。

20世纪70年代,世界经济发展出现多样化,小额信贷覆盖面迅速扩大,现代小额信贷在孟加拉国、巴西等国开始出现。1983年,孟加拉国经济学家穆罕默德·尤努斯创办的乡村银行——格莱珉银行取得巨大成功,得到世界各国的认可,成为目前世界范围内规模最大、效益最好的小额贷款金融机构,引发世界各国纷纷效仿,玻利维亚的阳光银行(BancoSol)、印度尼西亚的人民银行(BRI)、柬埔寨的爱喜利达银行(ACLEDA)和印度的自我就业妇女协会银行(SEWA)等金融机构陆续创办起来。与此同时,一些普惠金融的国际组织也快速发展起来。例如,联合国资本发展基金(United Nations Capital Development Fund,简写为UNCDF)自1975年以来,逐步将发展资金向普惠金融转移。世界银行扶贫协商小组(Consultative Group to Assist the Poor,简写为CGAP)则专注于微型金融领域,其小额信贷网络系统辐射了许多小额信贷机构。

20世纪80年代,全球小额信贷项目运作良好,逐步实现了自我盈亏平衡及可持续发展,从而验证了此种商业模式的可行性和可持续性,使得小额信贷真正走上了全球化发展的道路。

20世纪90年代，小额信贷在全球各类金融机构中快速铺开。同时，小额信贷的服务对象和产品从主要向低收入群体提供贷款，过渡到提供包括贷款、存款、保险、支付等在内的全面金融服务，提供多元化微型金融服务逐渐成为一种趋势。这一期间，因其存在巨大的商业价值，花旗银行等国际著名商业银行开始拓展该领域，但尚未发展成为金融体系的主流。1998年，联合国会员大会指定2005年为"国际小额信贷年"（International Year of Microcredit），将小额信贷作为扶贫的有效手段和攻坚力量。

2005年，联合国在宣传国际小额信贷年时，首次提出"建设普惠金融体系"的概念，开始专门研究推进普惠金融体系的全面发展，普惠金融成为国际金融体系必不可少的组成部分，开始备受政府当局、商业机构和非营利组织的青睐。

2008年，印度、印度尼西亚等亚洲国家，南非、埃及等非洲国家，以及巴西、秘鲁等拉美国家，在泰国曼谷联合组建普惠金融联盟（Alliance for Financial Inclusion，简写为AFI），旨在通过各成员之间资金、技术、物流等方面的信息共享和相互协作，不断完善普惠金融政策制度和服务体系，帮助各成员发展普惠金融。

2009年，二十国集团（G20）在美国华盛顿成立普惠金融专家组（Financial Inclusion Experts Group，简写为FIEG）。

2010年，二十国集团领导人首尔峰会核准《G20普惠金融行动计划》，宣布成立普惠金融全球合作伙伴（Global Partnership for Financial Inclusion，简写为GPFI），在G20框架下建立推动普惠金融发展的多边机制，并于同年12月在韩国召开普惠金融全球合作伙伴组织启动会议，致力于提供一个高效的信息共享机制，共同推动全球普惠金融发展。

2011年，世界银行在各国开展普惠金融指标调查，形成全球普惠金融数据库，定量监测普惠金融发展水平。同时，包括中国在内的普惠金融联盟的数十个成员代表齐聚墨西哥，共同发布《玛雅宣言》，对发展普惠金融做出国际性官方承诺。

2012年，二十国集团一致同意接受普惠金融全球合作伙伴的建议，通过了《G20普惠金融指标体系》。

2015年，联合国发展峰会审议通过《2030可持续发展议程》，普惠金融被作为实现全球可持续发展目标的重要着力点，进入全面发展和开放合作的新阶段。

2016年，二十国集团财长和央行行长会议上，与会各国一致同意签署由普惠金融全球合作伙伴起草的《G20数字普惠金融高级原则》，以66项行动指引帮助各方发展数字普惠金融，标志着传统普惠金融向数字普惠金融加速转变。

2017年4月，联合国考虑到中小微企业在实现可持续发展目标方面发挥的重要作用，在"A/RES/71/279号"决议中决定，将每年的6月27日确定为"中小微企业日"，鼓励各国提高对中小微企业可持续发展重要性的认识，进一步提升普惠金融服务能力和水平。

2017年以来，普惠金融全球合作伙伴先后推动出台《数字普惠金融新兴政策与方法》《G20政策指引：数字化与非正规经济》《G20普惠金融与老龄化福冈政策倡议》《G20青少年、妇女和中小企业数字普惠金融高级政策指引》等高级别指引性文件，使大力发展数字普惠金融成为各国共识，数字化成为全球普惠金融发展的转型方向。

还是 2017 年，美国国家经济委员会发布《金融科技框架》白皮书，将金融科技发展上升到事关国家竞争力的战略高度。

2018 年，英国政府发布《英国金融科技产业战略》，提出打造世界金融科技中心的目标。

韩国将培育金融科技作为创新金融的支柱，鼓励通过在线手机平台等提供新金融服务。肯尼亚鼓励居民使用移动支付，移动支付平台 M-PESA 的兴起，令其成为非洲数字金融强国。

在联合国、世界银行、G20 等国际组织的积极推动下，越来越多的国家将普惠金融作为本国金融服务的改革发展目标，加快金融科技应用，不断探索普惠发展模式，显著提升了无银行账户人群的金融服务体验，为全面推进普惠金融发展、消除贫困、提高国民生活水平和实现共同富裕奠定了良好基础，助力全球普惠金融发展全面驶入快车道。

普惠金融的国内发展历史

农村金融的不断尝试

中华人民共和国成立初期，伴随着经济社会的恢复发展，党和政府加快搭建惠及广大人民群众的金融体系。1950 年 2 月，中国人民银行召开第一届全国金融工作会议，提出金融机构的建设要照顾各区实际情况，有分别有步骤地实行。1951年5月，中国人民银行召开第一届全国农村金融工作会议，明确提出要重点开展农村金融工作，深入贯彻"深入农村、帮助农民、解决困难、发展生产"的发展策略，大力发展信用合作，建立农村金融网，并颁布《信用合作章程准则草案》，逐步搭建起新中国农村金融服务网络。截至1953年，全国建立信用合作社9 400多个，信用互助组2万多个，供销社内部的信用部3 000多个，基本覆盖了所有乡镇。

随后，20世纪60年代到改革开放以前，受国内外各种因素影响，我国农村金融在曲折中逐步发展。其间，中国农村金融服务重心从集体经济组织转向农户，农村地区形成以农业银行和农村信用合作社为主的局面，农村合作基金会也得到快速发展。

改革开放以来，我国农村经济和农村金融发生了深刻变革。1979年，国务院下发《关于恢复农业银行的通知》，由农业银行集中办理农村信贷，农村信用合作社在农业银行的领导下，共同推动农村金融发展。伴随着农村经济的快速发展和经济社会体制的全面改革，农村金融也逐步驶上快车道，农村金融市场渗透率和覆盖面快速提升。按照普惠金融的发展形态，并结合国际普惠金融的影响，可以将我国农村金融探索进程总体划分为体系重构、改革探索和创新发展三个阶段。

1. 体系重构阶段（1993—2004）。

1994年4月，国务院印发《关于组建中国农业发展银行的通知》，决定以国家信用为基础，成立专门为农业和农村经济发展服务的国有农业政策性银行，承担农业政策性金融业务。

农村信用合作社作为独立的金融机构，脱离中国农业银行的管理，并逐步推进了创新改革试点。中国农业银行结束一身三任的历史使命，开始向国有商业银行转变。

1996年8月，国务院印发《关于农村金融体制改革的决定》，确定农村信用社和农业银行脱离行政隶属关系，并在全国范围内部署建立以合作金融为基础，商业性金融、政策性金融分工协作的农村金融体系，农村金融体系改革进入新的历史阶段。

1999年，国务院组织在全国范围内撤销农村合作基金会，推动其正式退出历史舞台。

2003年，国务院启动以产权制度和管理体制为核心的农村信用社改革试点，建立省级农信社管理机构。此举标志着农村金融改革开始向产权、机制和服务效率等领域纵深推进。

2. 改革探索阶段（2005—2012）。

2005年，"中央一号文件"指出，要加快推进农村金融改革和创新，加快构建功能完善、分工合理、产权明晰、监管有力的农村金融体系。抓紧研究制订农村金融总体改革方案。继续深化农村信用社改革，进一步发挥其农村金融的主力军作用。加大政策性金融支农力度，在完善运行机制的基础上强化农业发展银行的支农作用，拓宽业务范围。农业银行要继续发挥支持农业、服务农村的作用。培育竞争性的农村金融市场，在有效防范金融风险的前提下，尽快启动试点工作。有条件的地方，可以探索建立更加贴近农民和农村需要、由自然人或企业发起的小额信贷组织。扩大农业政策性保险的试点范围，鼓励商业性保险机构开展农业保险业务。

2006年，原银监会印发《关于调整放宽农村地区银行业金融机构准入政策 更好支持社会主义新农村建设的若干意见》，试点开放农村金融市场，同时推动6省（区）设立村镇银行、小额贷款公司和农村资金互助社三类农村新型金融机构。

2007年，全国第一家村镇银行——四川省仪陇惠民村镇银行开业。随后村镇银行遍地开花，汇丰银行、花旗银行、渣打银行先后设立6家村镇银行。经过探索创新，村镇银行也逐渐找到了自身的发展定位和方向。

与此同时，国有大型商业银行纷纷开始实施返乡战略，股份制银行也开始在农村和县域增设分支机构，逐步形成了商业性金融、合作性金融、政策性金融相结合的农村金融新格局。

3. 创新发展阶段（2013年至今）。

党的十八大以来，党中央、国务院将发展农村金融提升到前所未有的重要程度，农村金融制度改革创新持续深化。历年的"中央一号文件"均专门对加快农村金融制度创新做出明确安排。近年来，经过不断改革创新，我国已初步建成多层次、广覆盖、可持续的农村金融服务体系，在加快农村金融创新和金融扶贫创新等各方面也取得了重大成绩。

2013年，党的十八届三中全会将"发展普惠金融"上升为国家战略。2015年，"中央一号文件"提出"强化农村普惠金融"。

2016年,"中央一号文件"再次明确"发展农村普惠金融"。2018年,"中央一号文件"强调"普惠金融重点要放在乡村",同年9月,国务院印发《乡村振兴战略规划(2018—2022年)》,重点提出"发展乡村普惠金融"。2019年,"中央一号文件"提出"实现普惠性涉农贷款增速总体高于各项贷款平均增速"。2020年,"中央一号文件"提出稳妥扩大农村普惠金融改革试点,加快构建线上线下相结合、"银保担"风险共担的普惠金融服务体系。2021年,"中央一号文件"提出"发展农村数字普惠金融"。2022年,"中央一号文件"提出"强化乡村振兴金融服务"。

小额信贷的不断尝试

1993年,中国社会科学院农村发展研究所首次将孟加拉国"乡村银行模式"引入中国,结合中国实际情况,试点建立了我国第一家针对农村贫困人口的小额信贷机构——河北易县扶贫经济合作社。随后,四川、云南、陕西等地陆续建立起小额信贷机构,资金多源于国际组织或公益组织,以贫困家庭妇女作为主要目标客户,用途主要为扶贫。这类机构的大量出现,既极大拓展了农村金融服务渠道,又有效缓解了农户贷款难问题,为中国的扶贫事业打开了另一扇门,为促进县域和农村经济发展、推动农民脱贫和解决民生问题做出了重要贡献。

1997年,农业发展银行和农业银行开始以扶贫贴息的方式向落后地区的贫困人口提供小额贷款。

1999年,中国人民银行印发《农村信用社小额贷款管理暂行办法》，采取"一次核定、随用随贷、余额控制、周转使用"的方式发放农户小额信用贷款，以便增加对农户和农业生产的融资支持，更好地发挥农村信用社在支持农业、农民和农村经济社会发展中的作用。

2005年，联合国大会将这一年指定为"国际小额信贷年"，并首次明确"普惠金融"的基本含义，标志着普惠金融时代的到来。同年，"中央一号文件"指出，有条件的地方，可以探索建立更加贴近农民和农村需要、由自然人或企业发起的小额信贷组织，加快落实对农户和农村中小企业实行多种抵押担保形式的有关规定。同年，中国人民银行在山西、陕西、内蒙古、四川和贵州5个省（区）辖内的县域试点开展商业性小额贷款公司工作，尝试以小额信贷组织来弥补传统金融尚未能完全覆盖的农村区域和农民群体，这为小额贷款公司的建立提供了坚实的政策依据，带动小额贷款公司实现快速扩张。

2008年，原银监会和人民银行联合印发《关于小额贷款公司试点的指导意见》，在地方政府的大力支持下，小额贷款公司迅速发展、不断壮大。短短几年时间，小额贷款公司数量迅速增加，并于2015年达到顶峰，行业整体贷款余额也从不足2 000亿元迅猛增长至9 000亿元。

2015年可以看作是小额贷款公司发展的一道分水岭。随着监管机构和地方政府政策收紧，小额贷款公司数量和贷款规模开始逐步下降，但仍是中国普惠金融市场的一股重要力量。根据人民银行统计数据，截至2022年3月末，全国有小额贷款公司6 232

家，从业人员数量 61 039 人，实收资本 7 711.38 亿元，贷款余额 9 330.49 亿元，一季度减少 85 亿元。

现金贷、P2P 的持续治理

普惠金融意味着金融能够惠及大多数人，让个人、家庭和企业投资有门、借钱有路。由于中国市场广阔，中小微企业及个体工商户迅猛发展，中低收入者也有强烈的理财需求，因此过去十几年来，消费金融公司、小贷公司、P2P（点对点网络借款）平台等金融机构及产品应运而生。

其间，现金贷也实现了迅速发展。大量商业机构和社会资本看准了现金贷门槛低、金额小且不限制借贷用途的优势，争相布局，推动现金贷业务快速增长。2017 年年初，整个现金贷行业规模为 6 000 亿~10 000 亿元。伴随行业规模扩张而来的还有巨大的风险。例如，很多现金贷平台在采用相对高的定价来覆盖风险的基础上，还采取砍头息、手机验证费等各类隐蔽的方式将收费加到借款人身上，导致大量借款人陷入债务旋涡。

2017 年，原银监会印发《中国银监会关于银行业风险防控工作的指导意见》，明确要求持续推进网络借贷平台风险专项整治，适时采取关、停、并、转等措施，做好现金贷业务活动的清理整顿工作，现金贷集中整治工作被加快提上工作日程。同年 12 月，互联网金融风险专项整治工作领导小组办公室和 P2P 网贷借贷风险专项整治工作领导小组办公室联合下发《关于规范整顿"现金贷"业务的通知》，明确规定禁止从借贷本金中先行扣除利息、手续费、管理费、保证金，以及设定高额逾期利息、滞纳金、罚息等，依法严厉打击和取缔未经批准经营放贷业务的组织或个人。现金贷平台开始告别业务粗放式发展的模式，部分平台因生存困难而退出市场。

2019年，互联网金融风险专项整治工作领导小组办公室和P2P网贷借贷风险专项整治工作领导小组办公室联合下发《关于做好网贷机构分类处置和风险防范工作的意见》，提出要按照"抓两头、促中间"的工作思路和"细化政策、分类实施"的工作要求，加快网贷行业风险出清，首提"坚持以机构退出为主要工作方向"。根据网贷之家发布的《2019年中国网络借贷行业年报》，2019年年末，网贷行业贷款余额下降至4 915.91亿元，同比降幅高达34%（见图2-1）。

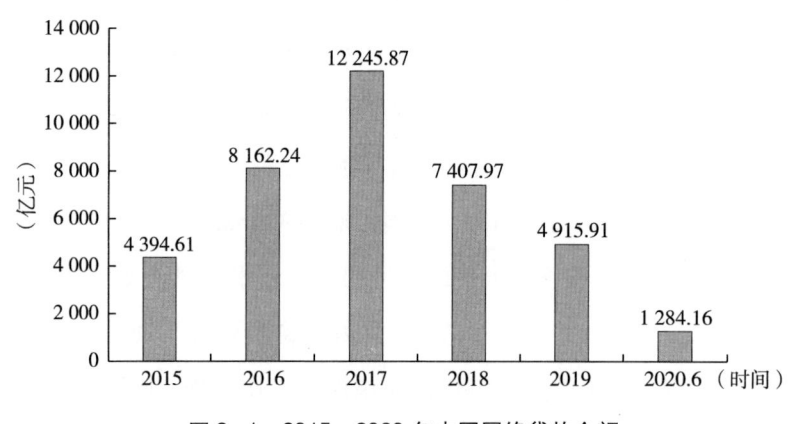

图2-1 2015—2020年中国网络贷款余额

2020年，网贷行业贷款余额呈断崖式下降趋势。

上半年，贷款余额仅剩1 284.16亿元。2020年11月，银保监会首席律师刘福寿在"《财经》年会2021"上表示，全国实际运营的P2P网贷机构在11月中旬已归零，整个P2P网贷时代落幕。

现金贷及P2P等产品并非生来即洪水猛兽，它在一定程度上弥补了长尾客户的贷款需求，丰富了消费者融资渠道。但从长远来看，还是应该回归服务实体经济的本源，需要审慎经营、严控风险。目前来看，各类持牌消费金融公司已在加速布局场景、渠道，与阿里巴巴、腾讯、京东等各类平台加强合作，共同开启金融服务的新格局和新模式。

普惠金融的逐步兴起

在农村金融、小额信贷和P2P等一系列探索的基础上，普惠金融的概念也逐步清晰和明确。

2009年，焦瑾璞在其著作《建设中国普惠金融体系——提供全民享受现代金融服务的机会和途径》中，对普惠金融的概念做了进一步明确：普惠金融是可以让社会成员普遍享受的，并且对落后地区和弱势群体给予适当优惠的金融体系。

2013年，党的十八届三中全会审议通过《中共中央关于全面深化改革若干重大问题的决定》，明确提出要"发展普惠金融，鼓励金融创新，丰富金融市场层次和产品"。2015年11月，习近平总书记主持召开中央全面深化改革领导小组第十八次会议，强调"发展普惠金融，目的就是要提升金融服务的覆盖率、可得性、满意度，满足人民群众日益增长的金融需求，特别是要让农民、小微企业、城镇低收入人群、贫困人群和残疾人、老年人等及时获取价格合理、便捷安全的金融服务"。

2015年，国务院印发《推进普惠金融发展规划（2016—2020年）》，普惠金融自此被定义为：立足机会平等要求和商业可持续原则，以可负担的成本为有金融服务需求的社会各阶层和群体提供适当、有效的金融服务。人民银行、银保监会配套出台了一系列监管政策，积极引导商业银行发展普惠金融。但在业务起步阶段，各家银行均不同程度地面临"不敢做、不愿做、不能做、不会做、不好做"的困境，导致发展缓慢、增长乏力。

2015年12月，国务院常务会议确定台州为"小微企业金融服务改革创新试验区"。

2016年，二十国集团杭州峰会明确提出"数字普惠金融"的概念，并在通过的《G20数字普惠金融高级原则》中指出："数字普惠金融"涵盖支付、转账、储蓄、信贷、保险、证券、财务规划和银行对账单服务等各类金融产品和服务，通过数字化或电子化技术进行交易。

2018年开始，我国着手在五省七地（河南省兰考县、福建省宁德市和龙岩市、浙江省宁波市、江西省赣州市和吉安市、山东省临沂市）试点建立国家级普惠金融改革试验区。

近年来，随着数字经济、通信技术和电子商务的快速发展，我国普惠金融的发展已处于世界平均水平，客户准入门槛大幅降低，平民化趋势日益显现。人民银行统计数据显示，截至2022年2月末，全国小微企业贷款余额51.9万亿元；普惠型小微企业贷款余额19.7万亿元,同比增速22.2%,较各项贷款增速高11.2个百分点,4 200万户小微经营主体享受到了融资服务。2022年前两个月,全国新发放普惠型小微企业贷款利率5.6%,近年来利率持续下降,有效发挥了助企纾困作用。截至2021年年末,全国涉农贷款余额43.2万亿元;普惠型涉农贷款余额8.9万亿元,增速高于各项贷款增速。2021年,农业保险为1.8亿户次农户提供风险保障超4.7万亿元。截至2021年年末,全国建档评级农户数约占农户总数的65%,授信农户数约占农户总数的40%,累计发放扶贫小额信贷7 100多亿元,累计支持超过50%的建档立卡贫困户,用信农户数量约占农户总数的20%。同样是截至2020年年末,全国设立助农取款服务点(或助农金融综合服务站)89.33万个,同比增加2.27%,行政村覆盖率达99.31%。

第三章

普惠金融难在哪儿

近年来，普惠金融实现快速发展，但发展不平衡不充分的矛盾仍普遍存在，尤其是薄弱地区和弱势群体的金融服务覆盖率、可得性和满意度相对较差，仍然存在许多亟待解决的难题。

顶层政策体系仍不够健全

普惠金融是一项涉及供给、需求、体制机制、政策法规、基础设施、生态环境等各个方面的系统工程，需要从战略全局高度统筹推进，自上而下逐级传导，也需要政府部门、行业产业、金融机构、市场主体、社会公众等多方联动。自2005年联合国首次提出"普惠金融"起，各国的普惠金融监管机构在较长时间内仍在套用传统的监管体系，还处于"边看边管"阶段。由于业务自身的特性，普惠金融对监管提出了一定挑战，各国监管范围、对象、手段均有待完善。

一是监管范围不够明确。普惠金融在具体服务对象、方式、产品等方面，尚未形成普遍的严格界定，各国根据各自的认知和实际情况来界定监管范围，在金融统计方面仍然存在不足，可能造成监管视野内的数据同普惠金融实际数据有一定出入。

二是监管覆盖不够全面。近年来，普惠金融发展日新月异，从事普惠金融的机构日益丰富，且不同类型的金融机构在组织架构、产品体系、营销获客和风险管理等方面形成了不同的发展模式。监管机构近年来将机构监管的主要精力放在银行业金融机构上，对产品和服务监管的主要精力放在融资类服务上，对非银行业金融机构和非融资类普惠金融服务的监管和引导还需进一步加大工作力度。

三是监管手段不够丰富。普惠金融涉及的金融产品众多，既包括传统信贷类产品，也包括互联网金融等新兴产品及部分创新产品，监管部门对这些金融产品还缺乏足够的手段去统一进行审查和管理。

金融基础设施仍不够完善

近年来，金融行业市场化改革加快推进，各类市场主体的金融服务获得感均有不同程度的提升。但在这个过程中，金融资源向经济发达地区和大中型企业集中的特征更加明显，中西部地区、农村区域和小微企业等薄弱地区和弱势群体获得优质金融服务的难度较大，金融基础设施相对落后，金融服务网点分布不均，特别是在贫困地区，金融机构稀缺，服务能力有限。而借助金融科技、大数据应用推动金融服务网点、终端延伸到普惠群体，仍处于起步阶段，尚未发挥明显的作用。有些地区、部分领域存在过度竞争的情形，但同时有些地区、部分领域又存在服务不足甚至是空白的情形。

传统金融机构在提供普惠金融服务的过程中，往往依托物理网点和自助机具提供服务，但在经济欠发达地区和偏远地区，人口密度低、人均收入少、业务规模小、先期投入大、信贷风险高发、金融资源匮乏、金融生态环境脆弱、产业结构单一、经济发展落后，在这些地区布局网点和自助机具的服务成本和操作成本远远高于业务收益，难以实现盈亏平衡。服务空白或位置偏远的乡镇新设和存量网点几乎100%处于亏损经营状况，这反过来进一步导致这类地区金融基础设施建设不足，银行网点和自助机具密度较低。其中，广大老年人、农民、城镇低收入人群、贫困人群和残疾人的基础金融服务更是捉襟见肘，这类群体的普惠金融服务覆盖率、可得性和满意度更低。

从国际上看，美国银行自金融危机以来关闭1 400多家网点，2017年花旗银行宣布关闭韩国80%的网点。法国巴黎银行到2020年左右逐渐关闭约200个网点，相当于其网点总规模的10%。从国内来看，伴随2008年金融危机和商业银行的上市浪潮，银行业迫于盈利压力及轻型化转型需要，快速推进网点裁撤和机构"瘦身"战略，使得偏远和农村地区的基础金融服务"雪上加霜"。2017年上半年，全国大型国有银行、股份制银行、城商行和农商行就关闭超过 320 家网点，甚至农村信用合作社都在"关门"。广大的偏远和农村地区金融机构服务网点和自助机具稀缺，居民连存、取、汇等基础金融服务都难以满足。

小微企业融资仍是难中难

相比于基础金融服务可得性困境，金融机构提供融资类服务面临更大的挑战和障碍。这其中，小微企业融资难融资贵问题又是"重中之重、难中之难"。

众所周知，小微企业是培育经济新动能的重要源泉，是推动经济增长、促进就业增加、激发创新活力的重要支撑。近年来，小微企业快速增长，全国小微企业（含个体工商户）数量约 1.4 亿户，提供了 50% 的税收、60% 的 GDP（国内生产总值）、70% 的创新成果、80% 的就业以及 90% 以上的市场主体，广泛分布于生产、分配、流通、消费等环节。但是在金融服务方面，仍有大量小微企业融资不足、成本过高。

一方面，小微企业融资难。中国人民银行统计数据显示，全国各类企业中，虽然小微企业数量占比超过 90%，但融资占比不到 30%，呈现大中小微型企业社会贡献正金字塔结构和金融服务倒金字塔结构并存的情形，这也是目前我国小微企业融资难问题最直观的表现。从理论界研究来看，小微企业融资难的成因主要有金融结构理论和信贷配给理论两类。其中，金融结构理论认为，我国是银行主导型而非市场主导型国家，间接融资占比大幅高于直接融资占比，银行出于资本节约、风险管控、效率提升和商业经营的考虑，将有限的信贷资源投入大中型企业，形成大中型企业贷款对小微企业贷款的"虹吸效应"。信贷配给理论认为，金融资源配给不足，银行与小微企业之间存在巨大的信息不对称，银行无法完整准确判断小微企业的违约风险。此时，银行按照"收益覆盖风险"的原则进行贷款定价，所能收获的往往是信用资质最差的一批客户，导致银行主动或被动地将信贷资源更多投向大中型企业，形成大中型企业贷款对小微企业贷款的"挤出效应"。

另一方面，小微企业融资贵。小微企业贷款业务耗时费力，且资产质量相对较差，银行按照商业可持续原则进行贷款定价，小微企业融资成本较大中型企业高出2~3个百分点甚至更多。同时，大量小微企业无法从正规银行渠道融资，小贷公司、民间借贷等渠道融资利率动辄高达20%~30%。此外，不少小微企业在贷款到期时还面临高昂的续贷成本，甚至需要按照月息20%左右的成本拆借资金用于还旧借新。

以中信银行为例，中信银行在普惠金融业务启动初期也是举步维艰，分支机构和基层员工不愿做、不敢做、不会做普惠金融，对普惠金融真的是"想说爱你不容易"。行内甚至还流传过这样一种说法，说普惠金融从业人员都流过三种眼泪：第一种是加入普惠金融条线而委屈的眼泪，觉得从事了一项前途暗淡的工作，以后个人发展会受阻；第二种是有业务不敢接而畏惧的眼泪，担心业务做大之后难免出现不良，会被不断问责，不如少做少错；第三种是努力后业务上不去而无奈的眼泪，明明很努力却找不到优质小微客户，授信用信流程耗时耗力，辛勤忙碌效果却不好。深入研究后发现，问题症结在于普惠金融贷款操作成本高和风险防范难。

普惠金融业务操作成本高

通过与一般对公贷款和个人贷款比较，可以更直观地看到普惠金融贷款操作成本高的具体表现。与一般对公贷款相比，普惠金融贷款也需要经历开户、营销、调查、审批、贷后等各环节，但平均贷款金额和营业收入仅为一般对公贷款的 1/10；与个人贷款相比，虽然贷款金额相近，但普惠金融贷款贷后管理等方面要求更高，估算下来，人力投入是个人贷款的 2~3 倍。此外，若发生风险，普惠金融贷款在逾期催收、资产保全等方面付出的操作成本与一般对公贷款几乎相同，比个人贷款要高出不少。因此，在普惠金融减费让利的背景下，在同一区域内，要创造相同的营业收入，普惠金融贷款操作成本是一般对公贷款和个人贷款的 5 倍和 3 倍，部分地区甚至高达 10 倍以上，因此操作成本过高成为制约普惠金融贷款发展的重要因素。

以最基础、占比最高的"房抵贷"为例，从客户申请到贷款按期收回，涵盖了授信申请、贷前调查、审查审批、合同制作、双人核保、抵押登记、封包入库、贷款发放、贷后检查、报表录入、押品重估、客户评级、临期管理和贷款结清等一系列操作，流程长、环节多。一整套流程下来，短则 10 个工作日，多则 20 多个工作日甚至更长（见图 3-1）。

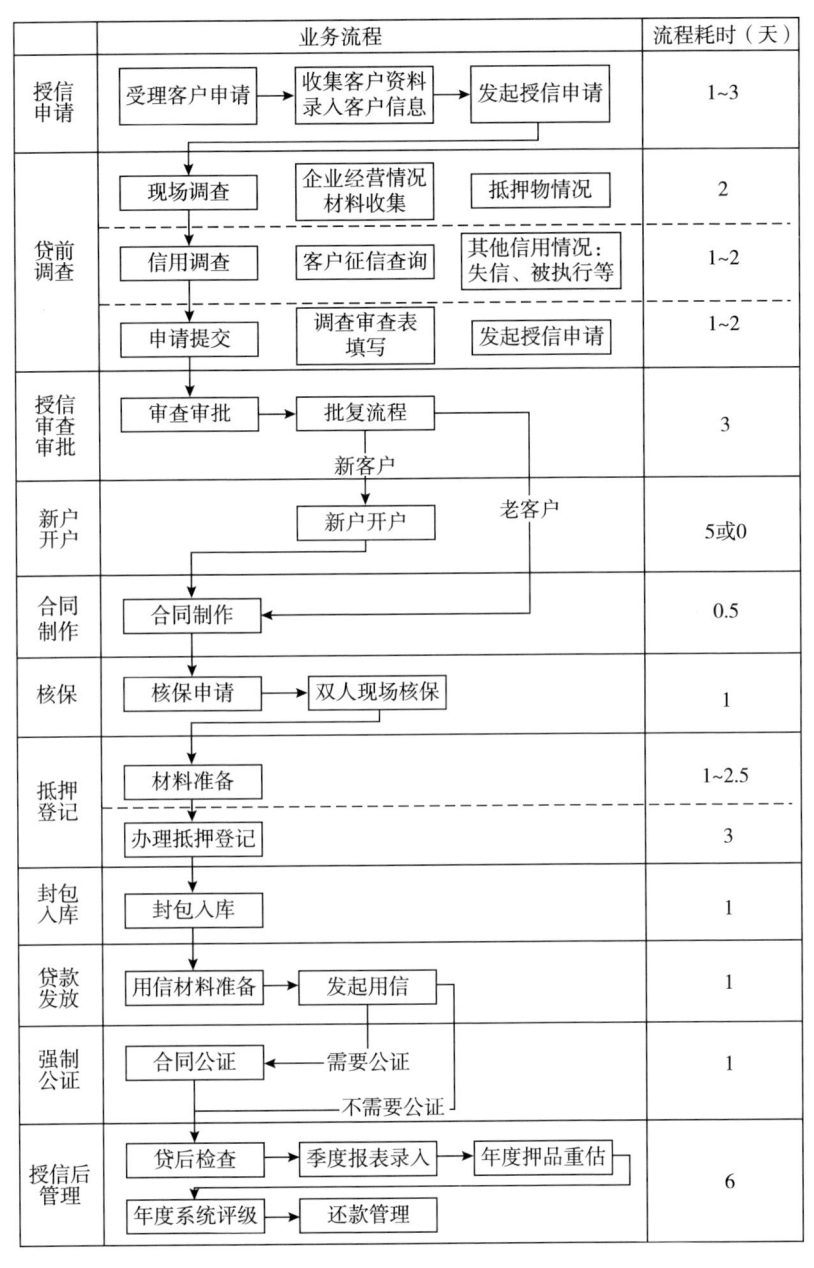

环节	业务流程			流程耗时（天）
授信申请	受理客户申请 → 收集客户资料录入客户信息 → 发起授信申请			1~3
贷前调查	现场调查	企业经营情况材料收集	抵押物情况	2
	信用调查	客户征信查询	其他信用情况：失信、被执行等	1~2
	申请提交	调查审查表填写	发起授信申请	1~2
授信审查审批	审查审批 → 批复流程			3
新户开户	新户开户（新客户/老客户）			5或0
合同制作	合同制作			0.5
核保	核保申请 → 双人现场核保			1
抵押登记	材料准备			1~2.5
	办理抵押登记			3
封包入库	封包入库			1
贷款发放	用信材料准备 → 发起用信			1
强制公证	合同公证（需要公证/不需要公证）			1
授信后管理	贷后检查、季度报表录入、年度押品重估、年度系统评级、还款管理			6

图3-1 房抵贷业务流程及各环节耗时统计

第三章 普惠金融难在哪儿　　47

深入研究后发现，普惠金融贷款的高操作成本，主要源于以下五个方面。

1. 高操作成本源于业务流程长、环节多。

经过对逐个环节的深入分析，我们发现目前这个流程现状主要是由两个方面的原因形成的。

第一个原因是有效落实各项监管政策规定的需要。近年来，为有效防控风险，监管机构在《贷款通则》《流动资金贷款管理办法》《商业银行信用贷款管理办法（试行）》等监管文件中，对"实地调查、收集报表、审查审批、亲见开户及贷后管理"各类操作事项制定了精细、明确的规定，是业务合规发展的底线和红线。例如，银保监会《商业银行资本管理办法（试行）》要求"商业银行对非零售风险暴露的债务人和保证人评级至少每年更新一次"；银保监会《2017年客户风险统计数据质量考核办法》对"最近6个月的企业资产负债指标及时更新率"和"企业财务指标完整率"两项指标实行专项考核和通报督导；银保监会《流动资金贷款管理办法》要求"贷款人应采取现场和非现场相结合的形式履行尽职调查，形成书面报告"。

第二个原因是结合经验教训"打补丁"的需要。"抵押物现场查验、双人现场核保、封包入库"等环节，都是基于前期经验教训设立的。以抵押物现场查验为例，只有实地查看，才能了解抵押房产的坐落位置、户型结构、房产状况和变现难度，从而更清楚地了解到借款人是否存在将抵押房产出租以恶意抗辩抵押权的行为。以"双人现场核保"为例，只有双人核保，才能更有效地杜绝道德风险，更便于协作完成任务；只有现场核保，才能确认借款人、抵押人、担保人的真实身份和真实意愿，才能确认借款、担保合同等协议文本签字盖章的真实性。

2. 高操作成本源于贷款催收难、处置慢。

尽职免责制度虽然免除了客户经理的后顾之忧，但客户经理要达到尽职，操作成本依然很高。例如，贷款逾期后，客户经理等资产保全人员要通过送达催收（告）函、上门催收、制订处置方案等方式，反复督促客户还款，非常分散和耗费精力。此外，《金融企业呆账核销管理办法》《金融企业不良资产批量转让管理办法》《关于加快金融企业不良资产处置有关问题的通知》等监管文件，对贷后检查、逾期催收、诉讼清收和资产核销等流程和环节，进行了详尽规定，起到了很好的效果，但由于没有充分考虑到普惠金融贷款与一般对公贷款的差异，客观上导致了较高的操作成本。

具体来看，仅从贷款逾期至降为不良期间，银行就要开展风险预警、送达催收（告）函、制订处置方案、移交保全和配合诉讼等工作，一名客户经理办完全部流程，需要耗时大约 4 个工作日。在贷款降为不良资产移交资产保全部门后，银行还需要历经诉讼清收、常规核销或转让卖断等流程，又需耗时约 30 个工作日。

3. 高操作成本源于信息获取难、甄别难。

目前，出于监管要求和业务办理需要，多数小微企业授信业务仍较大程度上依赖企业财务报表。但小微企业经营大多依赖企业主，采用家庭式生产管理，公司治理不健全、财务管理不规范、公私账户不分，不少企业存在"两本账"甚至"多本账"的情形，财务数据透明度较差、可信度较低，失真或造假的情形比比皆是，银企之间信息不对称的问题普遍存在。央行征信系统作为第一个覆盖全国的开放式信用大数据平台，小微企业贷款覆盖率只有约30%。大量小微企业更多依赖民间融资，但该类融资尚无公开可靠的查询渠道。银行获取的信息无法全面准确地反映小微企业的经营状况和资金缺口，容易发生多头授信、过度授信、道德风险和恶意骗贷情形。

当前，各银行都在积极尝试通过金融科技来解决银企信息不对称的问题，尝试通过系统的自动化处理来代替人工的调查审批。政府公共大数据是银行数据的重要来源，但更能体现企业真实经营情况的环保、税务、工商、司法、水务、电力、燃气等公共大数据，均未实现全国范围内的联通和开放，也缺乏相应的规范和标准，在合作协议、对接方式、授权方式、数据内容等方面千差万别，导致银行获取相关数据的成本高、难度大、时效差。具体来看，主要体现在以下四个方面：

一是合作协议差异大。各单位均自行制定合作协议，但相互间的差异很大。银行在与其对接前，均需经过法审和用印流程，协议签署环节耗时较长。二是系统对接差异大。各单位系统对接要求各不相同，不少单位要求银行通过运营商机房专线网络进行对接，单个专线连接耗时1个月以上。三是授权方式差异大。至少存在接口调用、直接跳转和断点跳转等不同方式。四是数据字段差异大。不少单位有单独的服务商，数据字段种类、格式、口径和交互方式等各不相同，均需单独开发接口文件。

4. 高操作成本源于报表收集录入费时。

如前所述，在相关数据和信息无法系统获取的情况下，基层需要耗费大量时间，频繁获取和录入企业报表。为满足贷后管理和报表覆盖率要求，需要每季度向企业收集财务报表并将其录入系统。每张财务报表都涉及几十个数据字段，20~30个客户的报表收集和系统录入就需要整整两天，在客户不愿配合的情况下，有时候需要客户经理反复催促或多次上门，耗时将会更长。客户经理要将大量精力消耗在此类事务性操作上，很难再抽出时间拓展新客户。而且，更关键的是，小微企业财务管理不规范，好不容易收集来的报表的真实性、准确性都不高，风险管控的实际意义不大，客户经理还需要从其他角度收集资料，以便更准确地把握客户的真实经营状况。

5. 高操作成本源于客户综合服务繁杂。

除融资服务之外，客户经理需要抽出大量的时间和精力，来满足客户日常综合金融服务需求。

一方面，客户经理希望与客户有更多接触，以获得更多的业务机会。目前来看，普惠金融还是靠各类补贴维持，从纯商业利益角度上无法支撑大量人力物力投入。所以，无论从集体绩效还是个人绩效考虑，客户经理都希望能把客户综合经营和服务做起来。但这需要客户经理与客户保持一定频度的沟通交流，需要耗费较多的时间和精力。

另一方面，由于服务体系不完善，客户日常服务工作占据过多精力，以致产能不高。客户日常碰到的问题很多很碎，遇到问题时都第一时间找对应的客户经理咨询解决。有时候，电话沟通很难表述清楚，只能上门去看，但有些问题即使上门也未必能解决，还需要上报到分行甚至总行来定位和解决。很多客户经理都有类似的困扰，每天不是这个客户有问题，就是那个客户有问题，天天都要应对各种各样的琐事。

普惠金融业务风险防范难

风险是金融的基本特征之一，金融发展史同样是金融风险斗争史，发展普惠金融必须要实现风险和收益的平衡。但是，受银企信息不对称等问题的制约，金融机构对小微企业"看不清、搞不懂"，担心风险管理"理不顺、控不住"，所以对小微企业"不敢贷、不愿贷"。

首先，存量数据印证了实实在在的风险。2018年年初，多数银行的小微业务核销后贷款不良率在10%上下，远高于一般对公贷款和零售贷款不良率。近几年，各银行普惠金融贷款实现快速发展，大型银行年化贷款增速更是高达50%以上，但大量新发放贷款未经受过完整的风险周期检验。与此同时，各家银行均加大存量不良贷款处置力度，带动资产质量快速提升。但即使是在近年来高速增长、风险未完全暴露、实施延期还本付息政策的情况下，全行业普惠金融贷款不良率仍高于其他各项贷款。相关支持政策逐步退出后，普惠金融贷款资产质量可能将经受更大考验。

其次，基层员工透露着真真切切的担心。较多银行在小微业务上摔过跟头、吃过大亏，基层员工对历史上风险高、催收难、问责严的小微业务仍有恐惧心理，存在"一朝被蛇咬十年怕井绳"的担心，对小微业务"不敢做、不愿做"。

究其原因，主要是小微企业缺少两类核心要素，而商业银行缺少三种核心装备。

1. 小微企业缺信用。

小微企业的信用特点可以用"白、低、差"概括。一是大多数小微企业为征信白户。我国的小微企业（含个体工商户）约1.4亿户，但获得小微企业贷款的客户仅3 000万户左右，70%左右的小微企业是征信白户。二是小微企业信用评级普遍较低。我国的小微企业平均生命周期仅3年左右，多数源于或仍然是"夫妻店"和"家族企业"，占比最高的3个行业为批发零售业、制造业、租赁及商务服务业。这类行业资产少、规模小，在银行传统服务模式下处于先天劣势，普遍评级偏低。三是小微企业金融生态环境较差。我国社会信用基础较弱，不少小微企业信用意识淡薄，而相关部门对骗贷、骗补、逃税、恶意逃废债等失信行为惩罚又不够，导致劣币驱逐良币，形成"挤出效应"。

2. 小微企业缺风险缓释。

小微企业在风险缓释方面面临的困境是：自身无法提供有效的抵质押资产，没有可靠的第三方提供担保，好不容易"抱团取暖"，却又往往"引火烧身"。

一是小微企业无法提供有效的抵质押资产。60%左右的小微企业从事批发零售业、制造业、租赁及商务服务业，主要资产为原材料、存货等流动性资产，及非标准、折旧快、非通用设备，很难提供符合银行要求的抵质押资产。

二是小微企业无法提供有效的增信措施。小微企业自身实力弱、抗风险能力差、经营不规范，很难找到机构或个人提供担保。小微企业被迫"抱团取暖"，形成互保联保关系，但连带责任担保安排极易造成"多米诺骨牌效应"，出现区域性、连锁性和系统性违约风险。

3. 商业银行缺企业信息。

一是信息不易获取。在央行征信系统数据中，小微企业贷款覆盖率仅约30%，民间融资数据没有公开可靠的查询渠道。同时，覆盖范围更广、更能体现小微企业真实经营情况的司法、工商、环保、税务、水务、电力、燃气等公共大数据尚未实现全国范围内的联通和开放，银行获取数据难度大、成本高、时效差，容易发生多头授信、过度授信、道德风险和恶意骗贷的情形。

二是信息不够可靠。小微企业经营大多依赖企业主，采用家庭式生产管理，公司治理不健全、财务管理不规范、公私账户不分，不少企业存在"两本账"甚至"多本账"的情形，财务数据透明度较差、可信度较低，失真或造假的情形比比皆是。

4. 商业银行缺有效机制。

一是缺少专业化的队伍。目前各银行主要是由公司、个贷等人员兼职做普惠。兼职人员欠缺经验，专业性不强，不愿做、不会做普惠金融。专业化队伍难建立、难存活、难壮大，一定程度上形成了恶性循环。

二是缺少专业化的风控。目前，普惠金融风控仍较多沿用一般对公和个贷业务的风控思路和体系。但是，小微企业"短寿命、无抵押、缺担保、低评级"和贷款"短、小、频、急"的特点，注定了两者之间无法契合和匹配，屡屡陷入"牛头不对马嘴"的困境。

三是缺少精准化的核算。普惠金融风险拨备及网点、人力、耗材等运营成本和综合收益均未精准分摊至客户，导致银行无法准确核算成本收益。

四是缺少持续性的政策。分支机构和基层员工对尽职免责等支持性政策能否落到实处、是否会"秋后算账"以及政策的稳定性和延续性，存在不同程度的担忧。

5. 商业银行缺风险分担。

一是政府机构风险分担机制尚不健全。我国政府性融资担保基金和担保机构数量相对缺乏，且主要为大企业、大项目服务，在银担合作过程中流程不顺畅、补偿不及时或不到位的情形时有发生。

二是核心企业风险分担机制尚不健全。大量核心企业不愿与商业银行共享供应链物流、信息流、资金流等核心数据，在应收账款确权、调剂销售、回购等方面，也往往力度不够、效果较差，影响了银行积极性。

三是合作机构风险分担机制尚不健全。保险公司等合作机构风险把控能力良莠不齐，企业出险时银行时常遭遇免赔情形多、赔付上限低、手续繁及周期长等问题。

可持续发展路径仍未明确

当前的普惠金融服务仍是以传统产品、传统服务为主。传统金融机构借助传统融资类、结算类、存款类等产品支持普惠客群金融需求，但是产品种类较为单一，难以全面覆盖。特别是小微企业、农民、城镇低收入人群、贫困人群、残疾人、老年人等特殊群体金融需求"群体多、频率低、金额小、期限短"，难以匹配传统融资产品担保和期限要求，难以适用传统结算产品手段和方式，难以符合传统存款类产品门槛要求。同时，金融机构传统对公业务普遍采用客户经理制度，"一对一"走访客户，传统对私业务普遍采用网点获客，此类型的传统服务方式难以支持服务"数量多、分散广"的普惠金融客户。总体来看，普惠金融机构针对普惠群体的需求特点，提供产品和服务针对性不足，尚未做到"量体裁衣"。

从国内外经验来看，各国普惠金融的发展路径大致可以分为内生式、外生式和中间式三种发展路径，分别对应普惠金融可持续的三类模式，即纯商业性质的可持续、纯公益性质的可持续以及"政府引导＋市场主导"相结合的可持续。其中，内生式发展路径的特点是市场力量完全主导普惠金融发展，市场上提供普惠金融服务的机构、产品和定价，由市场自主决定。高利润会引致更多的机构和产品，利润小于零则不存在机构和产品。该路径和模式往往仍会回归"非普惠"状态，金融机构仍向"有利可图"客群集中。外生式发展路径的特点是计划力量完全主导普惠金融发展，政府是普惠金融的唯一供给者或者主导者。该模式往往具有强大的"后发先至"效应，但又往往会陷于慈善和福利陷阱中。中间式发展路径的核心是以政策引导、财政补贴、监管考核等方式强化引导的同时，提升金融机构内生增长能力，并随着经济发展水平变化而此消彼长。

　　三类模式在国际上各有实践，各有经验教训。尽管当前中间式发展模式取得了全球领先的发展成就，但是仍面临"政府引导"参与程度的不确定性。第一种是政府强势推动的政策性普惠金融，即"运用政策推动，或者强行给相关金融机构下指标，定利率，要规模；或者以政策补贴和优惠强力推进"。第二种是政府大力补贴的慈善性普惠金融，即"缺钱的给钱；融资困难的，不管能不能还，先送贷上门。贷款放给弱势群体，能不能收回，并不重要"。第三种是政府支持保本微利的普惠金融，即"政府要投入，机构不白干但也不多赚"。在三类模式和路径中，各国国情不同、定位不同，选择亦不同，最终成效仍需"摸着石头过河"，边看边做。

第四章

普惠金融的国际经验

世界各国的社会制度、金融体制、经济实力和发展水平各不相同,受此影响,普惠金融发展也各具特色。这其中,不少国家结合自身国情创设的发展模式得到实践检验,逐渐走上快速健康发展的轨道,也为其他国家提供了有益的借鉴。

健全顶层政策制度体系

政府在普惠金融发展过程中扮演着关键角色,发挥了无可替代的作用。一方面,政府通过健全顶层政策制度体系,积极与国际接轨,进而实现本国融入全球普惠金融发展的国际化大浪潮。另一方面,普惠金融生态环境的建设也有赖于政府部门的大力支持,只有通过政府有序的监管手段和措施,才能引导无序的市场参与机构和个体在商业可持续经营和金融服务普惠万家方面实现平衡发展。近20多年来,在健全普惠金融顶层政策制度体系上,多个国家做出了积极有益的探索，例如英国双峰监管改革、日本三维政策融资体系建设、韩国立法保护金融消费者及墨西哥全方位普惠金融改革等。

英国：双峰监管改革普惠弱势群体

作为发达的资本主义国家，进入 21 世纪后，英国金融普惠服务仍然面临着不少难题。调查显示，当时英国的普惠金融知识教育非常缺乏，有约 25% 的人群没有获得过储蓄服务，贫困群体中超过一半以上不能享受家庭保险服务，残障群体也基本不能享受房产等保险服务。

2009 年 7 月，为解决以金融服务监管局（Financial Service Authority，简称 FSA）为中心的统一监管体制的不足，英国政府开始优化监管方案。2010 年 4 月，在《2000 年金融服务与市场法》的基础上，英国议会批准出台《2010 年金融服务法》，强化了 FSA 的监管权力。随后，英国议会于 2012 年批准出台《2012 年金融服务法案》，旨在通过建立"双峰监管 + 超级央行"的机制体系，对金融监管体系进行彻底改革，确保小微企业和个人等金融消费弱势群体获得公平待遇。2016 年，随着《英格兰银行与金融服务法（2016）》的推出，酝酿已久的"双峰监管"模式得以正式确立（见图 4-1）。

上述三部修正法案，以全新的"双峰监管"模式取代了以 FSA 为中心的统一监管体制，一举突破了传统模式下审慎监管与行为监管混为一体的窠臼。

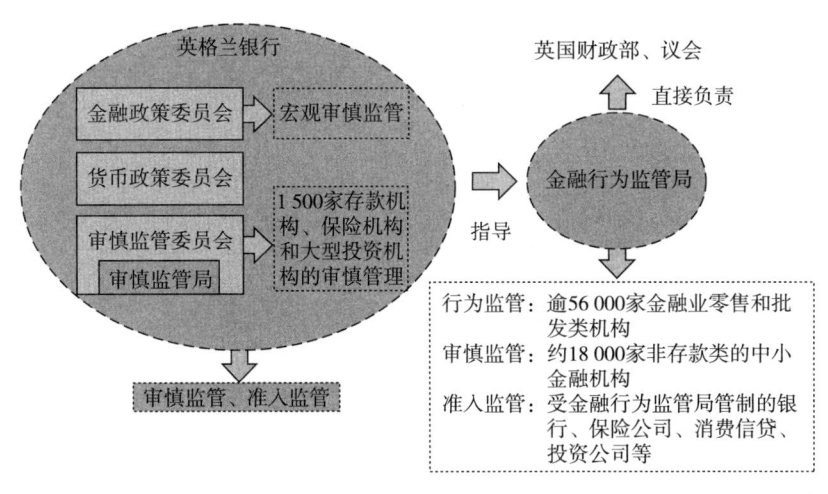

图 4-1　英国的"双峰监管"模式

同时，为了鼓励金融创新和推动有效竞争，2018年，英国发布首份国家金融科技战略即《英国金融科技产业战略》，将数字普惠金融提升至国家战略层面，加快开展"监管沙盒"项目，为金融机构创新产品、服务和商业模式提供了相对安全的空间。此外，英国是最早提出"开放银行"概念的国家，在国际上率先开展了对"开放银行"模式的探索并取得初步成效，这为其改善国内金融生态、大力发展包容性金融奠定了良好基础。

日本：构建三维政策融资体系

日本是亚洲发达程度最高的国家，中小企业对经济发展起到举足轻重的作用。近年来，得益于政府主导的日本政策金融公库、地方信用担保协会和商工组合中央金库银行股份有限公司三维政策融资体系的支持，日本中小企业和小规模经营者实现了长期健康发展。

2008年，日本政府全资成立了日本政策金融公库（Japan Finance Corporation，简写为JFC）。该机构借鉴了原有日本国内中小微和农林渔业等行业政策，并加以改造，旨在以政策性普惠金融服务支持中小企业发展。表现为，日本政策金融公库通过积极向日本的中小企业、小规模经营者和农林渔业经营者提供必需的融资业务、信用保险业务和证券化等金融服务，支持中小企业和初创企业创新发展。

日本政府根据《信用担保公司法》，组织地方政府出资，利用JFC提供的信用保险（再保险）分担风险，成立了地方信用担保协会（Credit Guarantee Corporation，简写为CGC），为有需求的中小微企业和个人经营者提供可获得的信用担保服务。目前，日本共有51个地方信用担保协会，为超过100万中小微企业和个人经营者提供信用保证服务。这其中，超过90%以上的企业员工人数在20人以内。

此外，以1936年成立的商工组合中央金库为基础，日本政府还组建了国内唯一一家由政府和中小企业工会共同出资成立、专业服务中小企业融资需求的政策性银行，即商工组合中央金库银行股份有限公司（The Shoko Chukin Bank，Ltd.）。该银行2008年改制民营化，在提高经营自主性的同时，积极扩大业务范围。当前，商工组合中央金库银行股份有限公司在境内外设立了100多家分支机构，将各地分行吸收的存款放贷给需要资金的中小企业和小规模经营者。

综上所述，日本政府通过构建政策金融公库、地方信用担保协会和商工组合中央金库三维政策融资体系，综合运用信用担保机制等措施，为中小企业和小规模经营者提供便捷的金融服务和风险担保，进而带动了非官方民间金融机构各类普惠金融服务，实现了良性有序发展。

韩国：立法保护金融消费者

韩国作为亚洲地区的发达国家，在普惠金融的服务可获取性、产品多样性等方面成为亚洲国家和地区的先进代表。韩国普惠金融服务对象除了无信用或低信用人群、残疾人和老年人外，还包括高息贷款人群和信用记录不良群体。这反映了韩国相比中低收入国家，已经提前关注到经常被忽视的领域。

韩国政府高度重视金融消费者权益保护，将普惠金融作为国家四大金融改革战略之一。2002年以来，韩国向各类群体提供个人理财等广泛的金融教育项目，以提高大众金融素养、保护消费者权益。

同时，为了有效解决金融消费者亏损和纠纷等问题，避免出现监管套利情况，2020年，韩国政府引入功能性监管体系框架，制定了《金融消费者保护法》来更好地维护金融消费者权利，形成更加完善的金融消费者保护体系和标准。

除立法以外，韩国还出台了多项利于消费者的改革措施。例如，在网络上发放有关个人信贷管理的教育资料，为多元文化家庭和外国消费者提供教育视频，为军人和妇女发放消费者服务手册，以及为消费者提供大约 14 种语言的翻译服务。此外，韩国还在金融消费者保护实施细则中专门做出规定，保障 65 岁以上高龄老人和残障人士享受到应有的金融产品和服务。

墨西哥：全方位普惠金融改革

墨西哥 2021 年的 GDP 为 1.29 万亿美元，同比增长 6.2%，人均 GDP 超过 1 万美元，经济总量位居拉美国家第二位。伴随着社会经济的高速发展，墨西哥普惠金融发展也走在了各国前列。总体来看，墨西哥发展普惠金融的主要做法和经验体现在以下五个方面。

第一，重视立法规范和制度建设。2011 年，墨西哥政府签署《玛雅宣言》，提出践行普惠金融服务方案。2012—2014 年，墨西哥开启国内全方位金融体制改革，加快法律制度建设，积极落实《玛雅宣言》提出的各类目标。

第二，明确顶层设计和工作机制。一是成立普惠金融国家委员会，制定并实施普惠金融国家规划，设定中长期目标，推动监管框架改革。二是成立保护金融消费者全国委员会、国家金融扫盲委员会。三是内设普惠金融部，专职推动普惠金融发展。通过明晰的顶层设计，墨西哥打造了各类工作机制合作共赢的发展路径。

第三，健全机构体系和服务渠道。成立公共信托基金和打造多层级的金融机构，在全国各地设立微型金融机构、社区金融机构、合作信贷与储蓄机构，充分运用政策性银行低成本转贷资金服务低收入群体,支持农业农村经济发展。2008年,墨西哥政府还正式立法,推进以银行为代表的金融机构通过与第三方机构合作提供金融产品和服务。例如,大量银行在墨西哥国内较偏远地区,通过与加油站等小型零售终端合作建立代理点,有效延伸了金融普惠服务。

第四,关注重点薄弱领域和群体。主要体现在墨西哥政府通过明确划分标准、支持对象以及辅助政策,跟进三维联动策划,为小微企业、农村农户提供融资担保需求,在经营收入上进行税收优惠支持补贴等,实现了针对该类群体的普惠服务。

第五,开展统计分析与金融教育。一是重视统计分析和信息披露。建立专门的统计分析体系,每3年开展一次面向全国的普惠金融需求调查,撰写并发布年度报告。二是强化金融教育工作。在全国范围内开展金融教育培训项目,确保低收入人群也能享受到金融教育服务(见图4-2)。

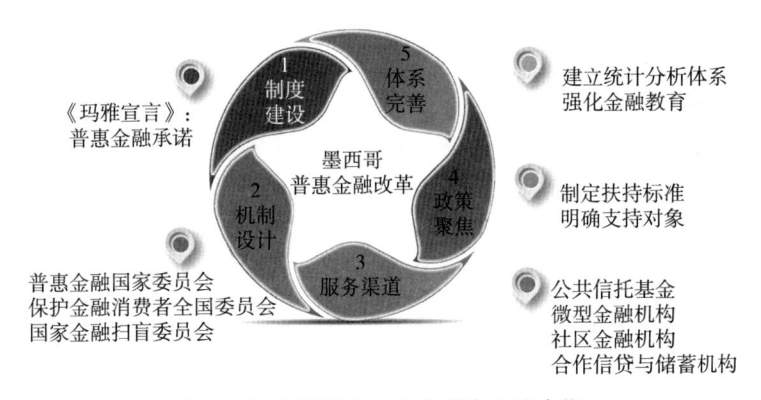

图4-2 墨西哥的全方位普惠金融改革

完善普惠金融基础设施

金融基础设施包括信用环境、征信体系、支付体系、结算系统、法律体系和监管框架等，是金融活动所必备的一系列软硬件设施，发展普惠金融尤其需要各类金融基础设施的推动和支持。当前，许多国家都在构建和完善金融基础设施，创造适合普惠金融发展的业态环境，并取得了一定的成绩。例如，俄罗斯实施的"金融扫盲5年计划"金融教育，在全国范围内迅速建立了消费者保护体系，强化了金融参与意识，改善了信用环境和生态；印度普惠金融计划和国家战略的落实，旨在消除金融产品和服务固有障碍，全面保障有需求的任何人员都能享受到相应的服务；肯尼亚克服先天金融基础设施发展的不足，通过快速发展移动支付，实现了对区域和弱势群体普惠金融服务的全覆盖。

俄罗斯：实施"金融扫盲5年计划"

刚进入新世纪，俄罗斯民众的理财规划能力相对较弱，缺乏基本的金融素养与金融意识，并表现出对金融系统的不信任。调查显示，全国仅有23.8%的金融消费者会在借贷前比对各类可选产品，超过60%的家庭金融消费者对各类贷款年利率披露机制不了解，全国民众对金融体系的信任度占比不足两成，制定定期个人支出规划的民众占比不超过2/3，且不足一成的人员有半年以上的个人理财规划。同时，金融消费者在保护他们自身的合法权益方面也十分被动，在受到不公对待时，大部分金融消费者没有采取过任何行动去向政府和金融机构投诉反馈。

为改善这种情况，俄罗斯政府制定了全国"金融扫盲5年计划"及相关配套框架政策，努力加强金融扫盲和消费者保护，明确由机构间项目委员会（IAPC，由财政部创建，财政部副部长担任主席）作为监督与协调方，俄罗斯财政部为落实该项计划和政策的主体机构，俄罗斯央行等其他政府机构亦参与其中，提供相关政策资源支持。

在此基础上，俄罗斯政府选择重点地区先行先试，并逐步拓展推广。2011—2016年，俄罗斯斥资1.13亿美元，对从小学到大学的所有学生和中低收入人群进行金融知识教育（见表4-1和图4-3）。

表4-1 "金融扫盲5年计划"实施阶段

项目第一阶段 （2011—2014）	项目第二阶段 （2015—2016）
制定金融扫盲国家战略	加强信用社、小额信贷、保险业、养老基金等更多部门的金融消费者保护法律框架
完善消费者保护法律框架	
提升金融教育和消费者保护能力	根据活动经验和监测评估信息，改善和推广相关教育课程和消费者保护措施
最紧迫的问题集中攻坚	
开展多样化金融扫盲活动并评估效果	

金融扫盲行动通过系统化的金融基础知识教育，帮助民众建立了金融参与意识，提高了金融工作效率，加强了消费者保护，改善了金融生态环境（见表4-2）。

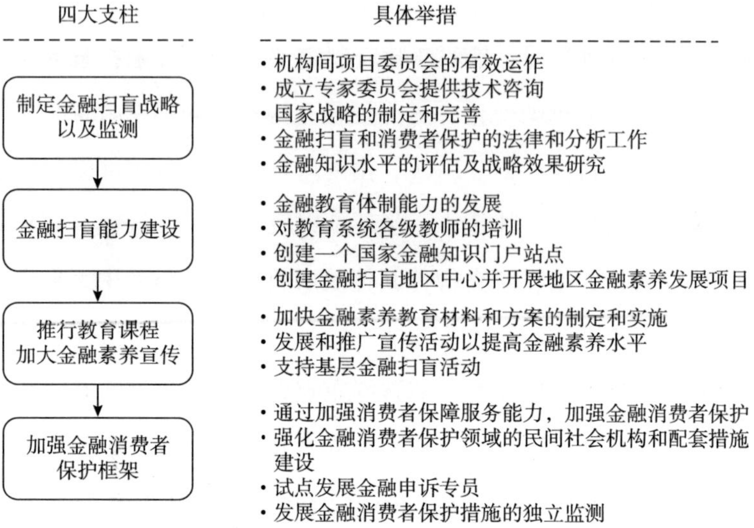

四大支柱	具体举措
制定金融扫盲战略以及监测	・机构间项目委员会的有效运作 ・成立专家委员会提供技术咨询 ・国家战略的制定和完善 ・金融扫盲和消费者保护的法律和分析工作 ・金融知识水平的评估及战略效果研究
金融扫盲能力建设	・金融教育体制能力的发展 ・对教育系统各级教师的培训 ・创建一个国家金融知识门户站点 ・创建金融扫盲地区中心并开展地区金融素养发展项目
推行教育课程加大金融素养宣传	・加快金融素养教育材料和方案的制定和实施 ・发展和推广宣传活动以提高金融素养水平 ・支持基层金融扫盲活动
加强金融消费者保护框架	・通过加强消费者保障服务能力，加强金融消费者保护 ・强化金融消费者保护领域的民间社会机构和配套措施建设 ・试点发展金融申诉专员 ・发展金融消费者保护措施的独立监测

图 4-3 "金融扫盲 5 年计划"的四大支柱

表 4-2 "金融扫盲 5 年计划"的关键评价指标

序号	评价指标解释
1	目标人群中了解退休基本知识的人群比例
2	目标人群中懂得在选择金融产品时进行风险收益权衡的人群比例
3	目标人群中认识到紧急与危险情况时拥有财务缓冲的重要性的人群比例
4	积极和潜在的中低收入金融服务用户中相信能与金融机构公正解决纠纷的人群比例
5	积极的中低收入金融服务用户中获取信贷前进行产品比较的人群比例

印度：普惠金融计划与国家战略

印度政府高度重视"消除贫困，保证公平"。2009年，印度身份识别管理局研发"了解你的客户"（e-KYC）平台，完成全国九成人口消费关联信息的生物识别数据采集，创造了全球最大的生物识别数据项目纪录。2014年8月，印度政府推出"国家普惠金融计划"，要求在全国各家庭普及金融消费知识、家家开立基本银行金融账户等阶段性目标，保障不同群体都能享受到最基础的金融服务。

紧跟全球化普惠金融发展浪潮，印度储备银行（Reserve Bank of India，简写为RBI）委任普惠金融咨询委员会开展专题研究。随后，2020年1月10日，印度政府发布《普惠金融发展国家战略（2019—2024）》，旨在突破和解决全国民众在获得金融产品服务过程中遇到的各类困难。该战略明确提出了未来印度普惠金融要实现的目标。具体表现在以下六个方面：一是普及金融服务，让每个村庄都可以在5千米半径范围内找到金融服务提供商；二是提供基本金融服务，要为每个有意愿、有资格的成年人提供存款、信贷、保险等基本金融服务；三是提供技能发展机会，向任何有资格、有意愿的金融体系参与者提供生计/技能发展培训；四是提供金融素养教育，通过音视频、小册子等形式向特定人群提供模块化金融知识培训；五是保护客户信息，在存储和共享客户生物特征等隐私数据时，应采取充分保护措施；六是提供有效协调服务，集中精力改善服务质量，在各类普惠金融参与者之间建立可持续的协调服务，确保客户可以持续享受服务。

肯尼亚：移动支付模式

肯尼亚普惠金融发展的代表性特征是手机银行的迅猛发展。2007年，肯尼亚移动电话运营商与英国跨国移动运营集团沃达丰联合推出手机支付产品 M-PESA 电子货币支付方案。该产品具有转账、支付、汇款、取现、还款、发放工资等功能，极大方便了有手机但没有银行账户的民众，使他们享受到了金融服务。

肯尼亚金融监管局放开手机支付项目的开发限制后，M-PESA 和其他类手机支付项目都迅速发展起来。在肯尼亚农村地区，使用 M-PESA 的用户拥有虚拟账户储蓄功能权限，用户使用存取款、转账等账户功能时，仅需要通过移动电话进行操作即可。上述功能的后台实现机制主要是经过政府授权的电信运营商 Safaricom 将用户存储在 M-PESA 账户上的资金，汇总归集交由银行再进行处理。有调查显示，截至 2018 年，M-PESA 用户已超过 3 200 万人，成年人渗透率超过 90%，营业网点达 15.6 万个，有力地推动了当地金融业发展，弥补了金融体系不发达的缺陷。

肯尼亚央行在积极推行 M-PESA 产品的同时，大力做好风险监管，制定与该产品相适应的监管制度，积极参与产品开发设计，注重操作风险防范，细化实施风险监管，保障该产品健康、可持续发展。肯尼亚 M-PESA 产品以移动支付方式，把服务拓展到传统金融无法覆盖的区域和群体，为各国普惠金融实践提供了参考。

巴西："银行可以代理"

2011 年，巴西中央银行、联邦检查官办公室、财政部、农业部等 10 多个部门共同成立普惠金融委员会（PNIF），通过加强金融教育等措施，提升普惠金融供给质量和可得性（见表 4-3）。

表4-3 巴西中央银行的普惠金融推动措施

序号	具体举措
1	与巴西财政部、社会发展部、农业部、国家地理统计局等部门开展广泛合作，构建普惠金融指标体系，并定期开展监测评估，了解用户需求
2	与世界银行扶贫协商小组等国际组织在信息收集技术方面展开积极合作
3	与国家消费者委员会、社会发展与消除饥饿部、财政管理学校等部门合作，推广"金融公民计划"——通过强化公民金融教育，加强消费者权益保护，优化金融服务提供者和需求者的关系
4	打造金融普惠论坛等平台，引导各界围绕微型金融等展开讨论，定期发布普惠金融监测评估报告

此外，巴西政府十分注重金融创新，典型案例就是代理银行业务模式的发展。巴西地广人稀，银行在边远地区设立分支机构的难度较大。为推广金融服务，20世纪70年代，代理银行业务模式在巴西萌芽，将超市、药店、邮局、彩票销售点等人流量密集的机构发展为银行代理机构，分解外包诸如开立管理存款账户、开展贷前调查等部分银行功能。1999年，巴西颁布新法规，扩大代理银行营业范围。代理银行业务模式受益于政策支持和自身低成本优势，迅速在全国所有城镇渗透，15万家代理银行在巴西所有金融机构网点的占比达到62%。短短3年时间，巴西在5 560个城市都至少设立了一个金融服务网点，有效弥补了银行网点覆盖不足、服务不充分的问题，能够更灵活便捷地为广大客户提供服务。

解难小微企业融资困境

普惠金融服务的主要对象是小微企业和特殊群体。如何解决小微企业融资难融资贵问题，一直是各国普惠金融领域的工作重点。各国发展程度和国情不同，在解难中小微企业融资困境时，也创新出不同的发展模式。其中，以孟加拉国的格莱珉银行运行模式最具特色。此外，美国以社区银行为依托扎根当地服务小微企业的实践，德国以复兴信贷银行、担保银行和州立投资银行为代表的中小企业政策金融机构，都有效促进了小微企业融资，实现了金融生态的良性循环和可持续发展。

孟加拉国：格莱珉银行

格莱珉银行最早可以追溯到1974年，当时穆罕默德·尤努斯教授在孟加拉国吉大港乔布拉村开展小额信贷实验。1983年，孟加拉国政府颁布《1983年特别格莱珉银行法令》，格莱珉银行正式横空出世。格莱珉银行因其独有的专门服务穷人的模式成为全球大多数中低收入发展中国家学习模仿和超越的对象。目前，格莱珉银行已经是全球规模最大、运作最成功的小额贷款金融机构之一。

格莱珉银行建立了"总行－分行－支行－乡村中心"的组织管理架构，每个乡村中心下设5~8个借款小组，每5人自愿组成一个借款小组，借款小组采取连带责任和强制存款担保发放贷款，只要出现违约即停止发放贷款。发展成熟以后，逐渐取消小组成员的连带责任，贷款及还款方式也更加灵活。根据孟加拉国国家统计局数据，1972年其绝对贫困率为82%，在孟加拉国政府、孟加拉国人民和格莱珉银行的共同努力推动下，2018年的绝对贫困率飞速下降至11.3%，贫困的乡村实现了"逆袭式"改变。截至2019年年底，格莱珉银行全国服务网络覆盖的乡村数量达到8万多个，占全国村庄总数的90%以上；累计发放小额贷款295亿美元，贷款会员合计926万名，其中女性会员896万名，还款率高达99%，创造了世界奇迹。

不同于孟加拉国的传统银行，格莱珉银行为满足穷人的需求和利益而设计，以无抵押、纯信用的方式提供贷款融资，支持妇女从事小手工业等见效较快的生产性活动，从而摆脱贫穷的困扰，支持弱势群体从"低收入－低储蓄－低投资－低收入"的恶性循环，转变为"低收入－贷款－投资－更多收入－更多储蓄－更多投资－更多收入"的良性循环。

总体来看，格莱珉银行的创新之处在于：关注最底层民众、以女性为主、提供贴合穷人的个性化信贷产品服务、鼓励穷人储蓄和金融能力及团队互助建设，在引导形成良好风控的同时，最终实现可持续、健康、良性循环发展（见表4-4）。

表4-4　格莱珉银行"十六条公约"

序号	内容
1	我们将在生活的各个方面遵循和推进格莱珉银行的四项原则——纪律、团结、勇气和勤奋工作
2	我们将给我们的家庭带来繁荣
3	我们不应住在破旧的房子里，我们将修缮房屋，争取尽早建造新房
4	我们将全年种植蔬菜，多吃蔬菜，剩下的卖掉
5	在种植季节，我们将尽可能多地播种
6	我们将计划保持小的家庭规模，最小化我们的开支，我们将保持身体健康

(续表)

序号	内容
7	我们应该教育我们的孩子,确保能够赚钱支付他们的教育费用
8	我们应该始终保持我们的孩子和环境的整洁
9	我们将建造和使用坑式厕所
10	我们要饮用管井中的水,如果没有管井水,我们要把水烧开,或者使用明矾把水变纯净
11	在儿子的婚礼上,我们不会接受任何嫁妆;在女儿的婚礼上,我们也不会送嫁妆,我们应该让我们的中心远离嫁妆的诅咒,我们不会实行童婚
12	我们不会做任何不公正的事,我们一定会反对任何试图做不公正之事的人
13	我们会集体承担较大的投资,来争取更高的收入
14	我们随时准备互相帮助,任何人有困难,我们大家都会帮助他
15	如果我们得知在任何中心出现违反纪律的情况,我们都会去那里帮助恢复纪律
16	我们将共同参加一切社会活动

美国:"社区银行"实践

说到美国银行业,大部分人首先会想到美国银行、摩根大通、富国银行、花旗集团等大型银行。然而美国联邦存款保险公司(FDIC)的数据显示:2018年年末,受FDIC保险保障的全美银行总数为5 406家。这其中,社区类银行达4 979家,占全部受保银行总数的92%(见图4-4)。

美国的社区银行是指在当地社区提供银行服务的小型信贷机构,资产规模通常小于10亿美元。这些机构通过吸收存款,向当地企业特别是小微企业和初创企业提供贷款及其他传统银行服务。美国社区银行在规模、经营业绩等方面对美国银行业的发展做出

其他 8%

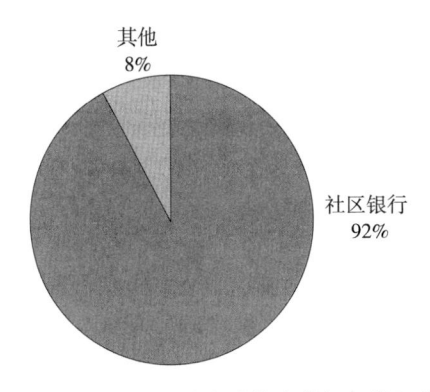

社区银行 92%

图 4-4 受 FDIC 保险保障的全美银行数量占比

了巨大贡献，其以 21% 的总资产占比，为中小企业提供了总贷款规模 58% 的贷款，在中小企业人员就业和企业稳步发展方面扮演了极其重要的角色。

社区银行的发展，一方面得益于《反托拉斯法》、《小企业法》和《社区再投资法》提供的法律保障，另一方面得益于美国完善的存款保险制度带来的稳定存款来源。与此同时，为保障社区银行储户权益和提升其对银行金融机构的信任度，美国独立社区银行协会成立专门针对社区银行的存款保险公司，此举成功造就了美国社区银行成熟的运营发展模式（见图 4-5）。

社区银行从事的业务主要为关系型信贷，即社区银行信贷员在办理贷款业务时，主要凭借与当地中小企业、社区成员长时间交往中所获取的定性"软"信息来发放贷款。由于社区内的农户、居民和中小企业相互较为熟悉，从而在一定程度上避免了信息不对称、不透明带来的道德风险和逆向选择，有利于提升风控能力。社区银行模式的借鉴意义在于其经营范围比较固定，集中

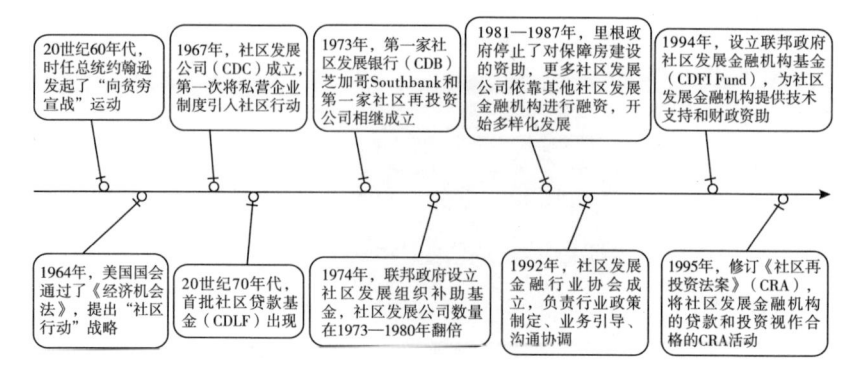

```
20世纪60年代,           1967年,社区发展      1973年,第一家社      1981—1987年,里根政      1994年,设立联邦政府
时任总统约翰逊          公司(CDC)成立,     区发展银行(CDB)    府停止了对保障房建设     社区发展金融机构基金
发起了"向贫穷            第一次将私营企业    芝加哥Southbank和   的资助,更多社区发展     (CDFI Fund),为社区
宣战"运动                制度引入社区行动    第一家社区再投资    公司依靠其他社区发展     发展金融机构提供技术
                                             公司相继成立        金融机构进行融资,开     支持和财政资助
                                                                 始多样化发展
```

```
1964年,美国国会     20世纪70年代,         1974年,联邦政府设立    1992年,社区发展    1995年,修订《社区再
通过了《经济机会     首批社区贷款基        社区发展组织补助基      金融行业协会成      投资法案》(CRA),
法》,提出"社区       金(CDLF)出现        金,社区发展公司数量    立,负责行业政策    将社区发展金融机构
行动"战略                                  在1973—1980年翻倍      制定、业务引导、    的贷款和投资视作合
                                                                  沟通协调            格的CRA活动
```

图 4-5 美国社区银行发展历程

在相对熟悉的群体间,通过长期经营,可以深度掌握客户信息和贷款用途,根据社区特点提供个性化的金融产品和服务,并有效识别和化解信贷风险,实现"金融微生态"的良性循环。

德国：政策性金融机构助力中小企业融资

德国为促进中小企业融资,设立了德国复兴信贷银行、担保银行和州立投资银行三类中小企业政策金融机构。

第一类是德国复兴信贷银行（KFW）。KFW 于 1948 年依据《德国复兴信贷银行法》成立,资本金 80% 来源于联邦政府、20% 来源于州政府,是德国促进中小企业融资最重要的政策银行,机构覆盖全国各地。KFW 不直接为中小企业贷款,而是以转贷形式为中小企业提供资金。其流程通常为：借款企业通过商业银行向 KFW 提出贷款申请,KFW 和商业银行共同讨论判断贷款可行性,最后由 KFW 批准后,由商业银行再将该贷款转贷给企业。在贷后管理阶段,借款企业通过商业银行将转贷款本息还给 KFW,

KFW则需要支付一笔佣金给承接此项业务的商业银行。统计显示，2017年KFW与中小企业相关的融资占比高达44%，约52 000家初创企业和中小企业受益。

第二类是16个联邦州自主设立的服务于满足中小企业担保需求的担保银行。担保银行实质上是中小企业自发形成的自助型组织，股东通常由手工业商会、工商会等工商团体和部分银行组成，而这些商会会员构成本就是中小企业。根据规则，担保银行的担保期限最长15年，担保比例最高80%，联邦政府和州政府为担保银行提供再担保机制（联邦政府占39%、州政府占26%），以分散担保银行风险。担保银行的资本资产首先来自政府，从政府ERP（企业资源计划）促进项目中得到长期贴息贷款，叠加各类投资收益，保障了自身抵御风险的能力和实力。2018年，德国担保银行共为近5 800家公司提供担保，担保贷款规模超过17亿欧元。

第三类是州立投资银行。1951年，为了满足中小企业等重要群体，和基础设施、环保、风投等重要项目的特殊融资需求，德国成立了州立投资银行，为其办理贷款和提供担保。如成立于1951年的巴伐利亚州LFA投资银行就是在此背景下诞生的，并在后续运营中发挥了重要作用。

探索普惠可持续发展路径

普惠金融商业可持续发展是世界性难题，各国普惠金融可持续发展之路仍处于探索阶段，尚未形成成熟模式和经验，但各国已经做出了积极探索和有益实践，取得了初步成效（见图4-6）。

图4-6 普惠金融可持续发展路径

美国：社会工作的可持续发展

在经济高度发达的美国，仍有许多弱势群体和贫困家庭无法享受最基本的金融服务，低收入家庭中没有银行账户和信用记录的比例分别达到1/4和1/3，这些群体只能使用高利贷等高价、非主流、高风险的金融服务。在这种情况下，除银行外，美国的社会工作者也一直致力于解决弱势群体和贫困家庭的普惠金融服务问题。

在现实生活中，市场化机构所提供的产品一般都是基于市场调研需求和商业原则，而弱势群体和贫困家庭的需求往往不能满足市场机构的商业经济效益，因此这些群体和家庭根本获取不到适合自身的金融普惠产品与服务，致使他们最终不得不使用高风险的非市场主流金融产品来满足自身的资金需求。社会工作者有着金融服务部门没有的独特优势，他们因自身工作性质的特殊性，往往能直接与弱势群体和贫困家庭建立起紧密的对话关系，摸透对方最真实的诉求。在此基础上，利用自身公共服务平台的优势去为这些群体供应产品和服务，并通过整合平台网络内其他社会工作内容，实现共赢和社会效益的最大化。

从发展历程来看，美国从19世纪90年代开始弱势群体与贫困家庭社会服务工作。到了100年后的20世纪90年代，社会工作者谢若登（Sherraden）对这项工作的发扬光大和全球推广做出了重大贡献。通过对弱势群体与贫困家庭进行调研，提供合适的金融服务，帮助他们主动完成家庭资产积累，因此，从某种意义上说，社会工作开创了社会政策框架下，为穷人积累资产的金融服务理念和实践。

近年来，美国的社会工作者力图倡导创造性、开拓性、有想象力的专业服务，致力于提供更好的普惠金融服务。2015年，美国社会工作与社会福利学会获得了社会工作者协会、社会工作教育协会和社会工作研究学会等机构的大力支持，调研完成并公布了在未来10~20年社会工作所面临的12项重大挑战。这其中包括了通过普惠金融服务来确保所有个体和家庭拥有金融能力和资产建设能力，以实现他们的经济福祉。

印度尼西亚：打造可持续发展的"微型金融机构"

印度尼西亚是小微企业金融服务领域的先驱之一，最早可追溯至20世纪80年代，当时的印尼政府就向全国民众和企业提出了增加金融服务包容性的计划。为满足和扩大贫困群体的普惠金融权益，政府以政策不断创新和机构大力改革为手段，以尽可能为边远地区和农村人口提供更多金融服务机会为目的，投资成立超过5万家微型金融机构，探索发展"无网点银行业务模式"，向农村贫困人口提供其所需的基本金融服务。

在这些成立的微型金融机构中，印度尼西亚人民银行村行系统（BRI Unit）是最大的一家。它作为印度尼西亚商业银行——印度尼西亚人民银行（BRI）的组成部分，以其可持续发展特征而闻名，并且不断发展推广壮大。BRI Unit 依托分布在城乡的4 000个机构，为全国310万借款客户的融资需求提供金融产品服务。与此同时，以合作社形式存在的各类贷款储蓄业务机构，也作为可持续发展微型金融的重要组成部分而贡献了力量。

2013年5月，印度尼西亚中央银行开始了一项局部试验，此次试验包括5家商业银行、3家印尼最大的手机网络运营商、8个省，于2015年全面开展。试验中这种名为Laku Pandai（即无分支银行）的产品让个人成为代理。这些借贷方可以招聘个人、法人作为代理来扩展自己的银行活动，为无银行账户用户或非银行用户提供小额储蓄、借贷。不过，这些借贷方必须向银行注册，满足最低要求。印尼通过这些代理发行可持续型小微储蓄、小微信贷、小微保险产品，迄今为止，这一试验的反响还不错。

/ 第五章 /

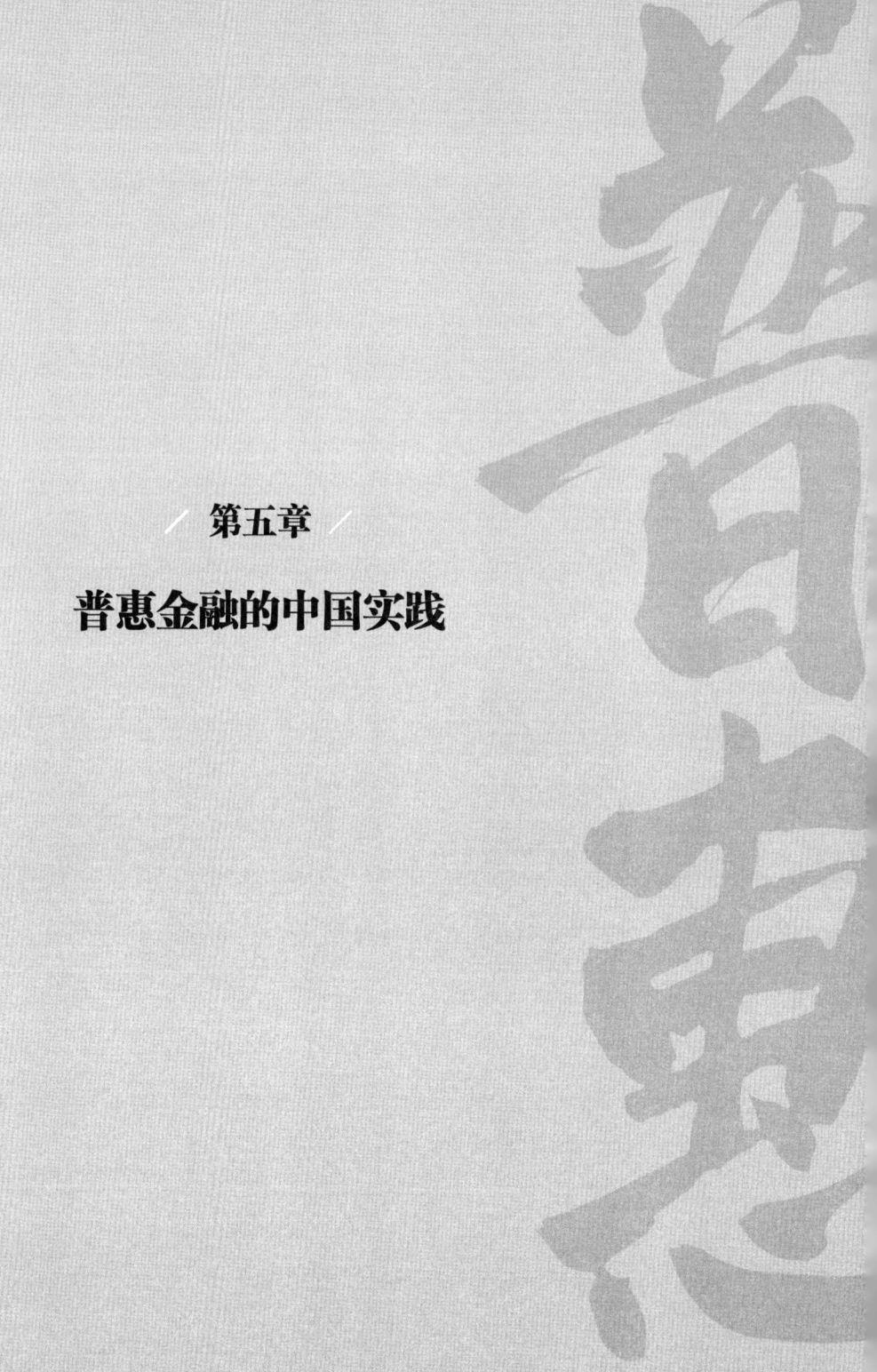

普惠金融的中国实践

近年来，在党中央、国务院的统筹部署下，在监管机构政策的引领下，各金融机构积极作为，认真做好金融支持实体经济和服务弱势群体的各项工作，有力推进了国内普惠金融发展，较好地满足了各类市场主体的金融服务需求，形成了独特模式，国际影响力稳步提升，普惠金融服务质效处于国际领先水平。其中，以贷款服务为例，人民银行统计数据显示，截至 2021 年年末，普惠金融领域贷款余额 26.52 万亿元，同比增长 23.2%；全年增加 5.02 万亿元，同比多增 7 819 亿元。

顶层设计，持续提升政策引领能力

党的十八大以来，党中央、国务院高度重视发展普惠金融，人民银行、银保监会密集出台监管文件，督促银行业金融机构做好普惠金融服务。

中央决策部署

以习近平同志为核心的党中央将发展普惠金融上升为国家战略，健全具有高度适应性、竞争力、普惠性的现代金融体系，建设普惠金融体系，增强金融普惠性，加强对小微企业、"三农"和偏远地区的金融服务，持续推动在高质量发展中促进共同富裕。中央的一系列指示批示，为我们做好普惠金融工作指明了前进方向、提供了根本遵循。

国务院2015年年末印发《推进普惠金融发展规划（2016—2020年）》，要求建立与全面建成小康社会适应的普惠金融服务和保障体系，拓展普惠金融服务的广度和深度。2019年伊始，李克强总理在银保监会召开座谈会，专题部署缓解小微企业融资难融资贵问题。据不完全统计，2020年国务院常务会议14次专题研究支持小微企业发展问题，10次研究缓解小微企业融资难融资贵相关问题。2021年上半年的国务院常务会议，9次要求加大对小微企业和个体工商户的普惠金融支持力度，确保小微企业融资更便利、综合融资成本稳中有降。

监管政策创新

近年来，金融科技进步加速了普惠金融的发展进程，丰富了产品服务类型，提升了业务效率和客户体验。但也有一些金融机构以普惠金融为名，行"庞氏骗局"之实，给金融监管带来了前所未有的挑战。监管政策既要识别和保护真创新，还要警惕和防范伪创新，需要避免"一放就乱、一管就死"的局面，在规范和发展中做好监管引领。

1. 监管理念创新。

长期以来，金融资源倾斜于城镇地区，农村金融在一定程度上陷入"空洞化"。在这样的背景下，监管机构在监管理念方面开展了一系列创新，与金融排斥相对的包容性金融浮出水面，并逐步形成柔性监管、适度监管和差异化监管三种较为成熟的模式和方案。

所谓柔性监管，是传统监管方式的有益补充，是在公开、公正、公平的前提下，坚持包容审慎原则，充分发挥市场机制作用，充分尊重被监管者权利，通过运用协商、参与、指导等灵活、柔软的方式提高监管政策的有效性、认可性和持续性。当前监管机构在大力推行的"监管沙盒"就是一个很好的探索，对鼓励和支持金融机构开展产品和服务创新起到了很好的引导作用，为持续健全完善监管模式和方案打下了良好的基础。

所谓适度监管，重点不在要不要监管上，而在监管的广度和深度上。巴塞尔银行监管委员会在《有效银行监管核心原则（1997）》中，提倡"全程、适度、持续"的监管原则。世界银行的一项最新研究认为，过度监管将损害数字经济创新和社会就业扩容。监管机构要达成稳定就业与风险防控之间的平衡，只能适度监管，加快建立以政府监管为主导、行业管理为纽带、企业自律为基础、社会监督为补充的"四位一体"的监管格局。

所谓差异化监管，就是按照"有限集中和确实必要"的原则开展针对性监督。但凡市场机制能调节的、依法合理运行的，监管部门一般不介入监管，而只是采取温和的监管策略对待创新业务，使用法制管控手段化解市场冲突，激发数字经济新动能。

2. 监管政策创新。

近年来，人民银行、银保监会、财政部、国税总局、工商总局等部门全力做好普惠金融监管政策的顶层设计，密集出台政策，通过政策引导、监管引领、指标考核、督导检查等多种方式，综合运用货币信贷、差异化监管和财税政策，制定实施普惠金融贷款"两增两控"考核及定向降准考核、利息收入免征增值税、增加再贴现和再贷款额度、MLF（中期借贷便利）合格抵押品范围扩大、设立国家融资担保基金、鼓励发行金融债和资产支持证券、宏观审慎评估等政策，落实金融企业涉农和中小企业贷款损失准备金税前扣除等政策，创设延期还本付息和信用贷款支持两项货币政策直达工具，将普惠金融业务情况与宏观审慎评估体系（MPA）考核、产品创新、子公司设立等挂钩，引导商业银行将普惠金融指标考核权重提升至10%以上，对普惠金融贷款增量、首贷户、制造业和中长期贷款、续贷以及普惠型小微企业贷款综合融资成本压降等指标明确量化要求，充分调动金融机构积极性，努力实现普惠金融供给质量、效率、效益的明显提升，取得较为显著的发展成效。近年来监管政策详见本书后的附录。

查漏补缺，持续完善金融基础设施

金融基础设施是金融服务实体经济的根基。完善的基础设施，对提高普惠金融服务供给和效率至关重要。近年来，在全行业的共同努力下，金融基础设施建设取得突飞猛进的发展，但仍存在不平衡、不充分的问题，小微企业、低收入阶层以及农村和偏远地区等面向普惠金融客群的基础设施相对不足。各级政府积极打破"信息孤岛"，金融机构持续加大互联网、大数据和云计算以及农村自助金融服务机具投入，推动金融基础设施日益完善。

完善硬件基础设施

一是推动服务网点和产品数字化转型，支持和促进金融机构扩大网点渠道和服务布局，方便更多普惠客户通过网上银行、手机银行、微信银行等线上化方式，低成本、高效率获取基础金融服务，打通普惠金融的"最后一公里"。

二是金融机构持续加大金融科技投入，不断推动以互联网、大数据、区块链、人工智能等技术为主体的智能营销平台建设，开发和完善基于大数据的普惠风控模型，突破普惠群体"缺信用、缺资产"的困境。

完善配套制度体系

金融的本质是契约。普惠客群由于缺少可抵押资产和增信担保，更需要专业的法律、会计等中介服务，来帮助其获得金融服务。同时，小微企业、农户和低收入人群等具有天然的顺周期性和财务脆弱性，必然对风险处置要求较高，需要进一步加强在普惠金融领域的法律、会计、信用等制度建设，为普惠金融供需双方提供一个正规有序的经营环境，改善面向小微、涉农等普惠金融客群的软性基础设施。

完善信用信息体系

小微企业客户普遍缺少信用记录，金融机构与普惠客户之间存在严重的信息不对称问题，客户信用等级评价依赖于主观评估，缺信用、缺资产一直是普惠金融服务难以扩面、上量的根源之一。近年来，各级政府、监管机构大力加快信用信息体系建设，在增进银企信息对称方面取得了长足进步。

1. *完善基础征信体系*。

信用信息基础数据库。我国的基础征信体系最早可以追溯到1996年，起源于人民银行企业贷款证制度。此后，人民银行相继建立企业信用信息基础数据库和个人信用信息基础数据库，并于2006年7月全国联网。信用信息基础数据库信息来源于传统金融机构、小额贷款公司、融资性担保公司、信托公司等各类金融机构，数据源和覆盖范围大幅拓宽。此外，人民银行还积极扩展行政性和事业性收费机构、税务机关、司法机关等具有公共属性的机构接入数据库，丰富信用主体缴费状态、纳税情况、涉诉情况等信息，扩大基础数据库，丰富场景数据维度，让基础信用体系的作用更加广泛。

人民银行的统计数据显示，截至2020年年末，全国金融信用信息基础数据库收录自然人数为11亿人，收录小微企业数为3 542.39万户，收录个体工商户数为1 167.01万户。截至2020年年末，通过农户信用信息系统累计为1.89亿农户建立信用档案，同比增长1.61%；2020年建档农户信贷获得率为52%，与上一年基本持平。

多元化征信体系。人民银行征信中心主要服务传统金融机构的信贷业务，接入数据仍以信贷数据为主。多元化征信体系的建设，除扩充金融信用信息基础数据库范围以外，更需要多元化征信机构、多元化征信数据和多元化征信产品的丰富，加快构建覆盖企业和个人的多元化征信体系。

首先，鼓励多元化的征信机构建设。我国的征信市场起步比较早，但主要是以鹏元、中诚信等评级公司为大中型企业提供信用评级等征信服务，个人征信业、覆盖小微企业的征信服务市场化进程才刚刚开始。2015年，以腾讯征信、芝麻信用、前海征信为代表的8家民营征信企业开展准备工作，正式激活个人征信市场。目前，主要个人征信企业依托各自的移动互联网平台，利用社交和金融交易等人民银行征信中心远未涉及的多场景、高频的海量数据，来为普惠客户提供个性化征信服务，在一定程度上填补了基础征信体系的不足。

互联网技术、大数据技术的发展，让普惠客户的交易数据、社交数据越来越成为征信机构有待深度挖掘的"金矿"。鼓励更多拥有电商交易数据、线下支付数据、金融资产数据优势的征信机构进入征信体系，丰富征信体系所覆盖的生活场景、经济场景，让更多的普惠金融客户拥有"数据资产""信用资产"。数据处理和挖掘能力的进步，让征信机构将人民银行征信中心的传统征信数据和自身特有数据相结合,更准确、实时地刻画"信用画像",从而以普惠客户为重点对象,向基础征信体系难以触及的领域提供服务。

其次,丰富差异化征信产品和服务。传统基础征信体系能够支持的征信服务单一,并且缺少征信量化评分和场景化个性征信产品,不足以支撑普惠金融发展的征信需求。普惠金融客户的"数据资产"更多来自消费、支付、社交等领域,而最终需要征信产品支持的往往是金融服务,需要有针对性的征信产品实现由"数据资产"向"金融信用"的转换。互联网技术、大数据技术的应用使得普惠客户场景化的"数据资产"细分较多,对征信产品的个性化要求就更高。同时,多元化的征信机构也应该借助自身优势数据提供差异化的产品服务,差异化竞争,满足普惠客户征信服务多场景的应用。

农村信用信息体系。农村地域分布广,信息采集成本高,农村地区农户、小微企业面临的信息不对称问题较城市地区更为严重,金融生态环境相对更为薄弱,金融交易成本相对更高,金融服务效率相对更低,农村信用体系建设较为落后。

当前,各地对农村信用信息体系建设日益重视,在组织架构、体制机制、考核激励等方面持续下功夫逐步健全,以逐步建立多层级的农户信用信息数据库。一是推进系统建设,实现当地农户、农民和农业经营主体信用信息在各金融机构的互联互通共享,有针对性地创新信用产品,提高信用体系在当地经济生活中的渗透率。二是完善信用服务,健全信用奖惩机制。积极提升信用担保机构、信用评级机构等参与主体的积极性，推动信用户、信用村、信用乡评定，改善农村金融生态环境。

2. 搭建综合金融服务平台。

普惠金融客户的信用信息相对较少，即使是在基础征信完善、多元化征信丰富的情况下，信用信息数量、质量仍与金融机构的需求差距较远，需要更多的信息来补充信息"画像"。同时，普惠金融客户环保评级、专利、保险缴费等大量补充信息集中在众多政府部门，但是各政府部门之间"各自为战"的割裂状态，让这些"有价值"的信息还是"孤零零"地存在，无法被获取，或者获取成本较高，无法被有效利用。这些数据所属部门的市场管理机构的性质，决定了无法有政府体系之外的机构来推动数据整合，只能由政府机构主持推动。

全面整合不同政府部门的信息资源，搭建普惠群体的综合信息平台，采集各部门特有信息，丰富普惠客户信息"画像"。例如，河南省焦作市搭建智慧金融服务平台，共整合了工商、公安、房管、人社等75个部门和事业单位的涉企信息；江苏省苏州市建立了地方企业征信平台，实现对部分政府部门、公共事业单位相关信息的常态化采集、查询和适时更新，重点采集财务报表、社保公积金缴纳、水电气缴费、知识产权和立案涉诉等信息。

目前，综合金融服务平台都有着显著的地方属性，天然拥有非本地区的排他性质，又陷入"各自为战"的孤岛模式。不同之处只是由政府部门的割裂变成了不同级别政府、不同地区政府间的割裂。地方综合金融服务平台不应该是封闭的，应该建立互联互通机制，实现不同平台、不同地区、不同层级的标准统一、服务统一，例如系统接口标准统一、数据格式统一、数据内容统一等，从而让金融机构在获取信息时避免不必要的"摩擦成本"，真正形成对信用信息的有效补充，让丰富普惠群体的"数据资产"真正有效。目前，已开展了一些有益尝试。

发改委建设中小企业融资综合信用服务平台。国家发改委下设国家公共信用信息中心，依托全国信用信息共享平台，高标准建设全国中小企业融资综合信用服务平台（简写为"全国信易贷平台"），与商业银行共享注册登记、行政许可、行政处罚、"黑名单"、纳税、社保、水电煤气、仓储物流等信息，改善银企信息不对称。

一是持续提升数据归集共享能力。全国信易贷平台归集调用的数据，既包括行政许可、行政处罚"黑名单"等涉企公开信息，也包括企业纳税、社保等授权查询信息，并在分类整合基础上，直接或间接向全国金融机构提供中小微企业融资信息查询服务。截至2021年6月末，平台已归集数据200亿条。二是加速建设一体化平台网络。全国信易贷平台以服务接口方式，与200多个地方信易贷平台或站点互联互通，形成覆盖全国的一体化平台网络，并在"信用中国"网站上线全国信易贷平台网站，作为链接地方平台、发布特色产品的窗口。三是持续强化产品服务创新。基于平台归集的海量数据，指导支持地方和金融机构创新工程信易贷、电力信易贷及服务"三农"、制造业等专项领域的信易贷产品。同时，建立"白名单"企业推荐机制，帮助金融机构实现贷前获客筛查和贷后风险预警精准化。四是持续增加融资规模。截至2021年6月末，全国信易贷平台累计注册企业800万家，通过平台发放贷款突破4万亿元。

地方政府因地制宜完善金融基础设施。各级地方政府结合辖内实际，积极整合建立信用信息平台。以威海为例，自2019年开始，威海市启动"信财银保"企业融资服务平台建设工作，通过信、财、银、保①四方联动，为中小微企业提供高效、便捷、低成本的信用贷款和应急转贷等服务。

一是归集公共信用信息。威海市按照"全面归集、数据鲜活、信息精准"的原则，通过大数据中心实时连通55个部门的业务系统，积累超过20亿条公共信用信息和各类企业信息资源。二是建立信用评价模型。威海市对申贷企业资产、纳税、社保、信用等数据信息进行汇集、整合和分析，搭建起由66个指标组成的信用评价模型，全面涵盖银行风控指标，实现信用评价与银行模型的有效对接。三是建立风险分担机制。威海市设立规模高达5亿元的信用保证基金，根据企业信用等级，通过风险补偿、融资增信等方式，引入多家保险、担保机构共同参与，引导金融机构降低融资成本、放宽信贷条件、增加信贷投放。四是打造线上金融超市。企业在平台自主发布融资需求，银行根据企业信用等级"抢单"提供服务，企业对"抢单"金融机构"货比三家"、择优选

---

① "信、财、银、保"由四个部分组成，其中，"信"是指信用等级评定，"财"是指财政资金增信，"银"是指银行定制产品，"保"是指担保分担风险。

用。企业平均 1~3 天就能获得贷款，业务办理时间平均缩短至原来的 20% 左右。五是建立涉企政策超市。整合上线发改、工信、科技、财政、商务等部门扶持政策 65 项，企业不仅可以在线查看、了解各项政策，还可以在线申请专项资金。六是打造政府性基金超市。推动"互联网+政府投资基金"项目，上线基金 8 只。企业可通过基金超市在线提出合作申请，在线上与基金管理机构进行对接，对接周期缩短一半以上，对接成功率提高 20 个百分点。

实事求是，重新认识普惠金融

小微企业是普惠金融服务的重中之重，也是难中之难。小微企业经营管理不规范、信息透明度低、抗风险能力弱、抵质押物缺乏等缺点，使小微企业贷款普遍面临操作成本高、风险防范难的问题，多数商业银行普惠金融贷款不良率高于全行各项贷款平均水平。要使商业银行产生内生性发展动力，实现可持续发展，就必须解决操作成本高和风险管理难这两个核心问题，就必须重新认识普惠金融客户、业务、定位、模式、风控和发展方向。

重新认识普惠金融客户

小微企业有着本质不同。小微企业与大中型企业相比，具有"生命周期短、企业数量多、市场地位低、决策机制简单、信息披露少且可信度低、授信金额小、合作程度浅、融资原因单一、违约成本较低"的特点,与大中型企业有本质不同,不能一概而论、照搬套用既有认识和经验。

小微企业分布杂乱无序。小微企业风险程度有高有低,但并不是有序分布的,而是杂乱无章混在一起的,需要借助有效的方式对其予以甄别。

小微企业存在"五个痛点"。小微企业注册资本少,经营周转和扩大再生产时均面临严重的资金短缺问题;处于产业链末端,议价能力较低,盈利能力弱;大部分信用水平较低,违约概率大、违约成本低;资产未盘活,缺乏有效的抵质押等担保措施;资金被大企业长期占用。

小微企业信用较难评估。小微企业财务信息失真、信息严重不对称,按传统对公授信逻辑审查财务报表等信息作用有限,依靠风险计量手段识别小微企业客户信用风险的难度较高。因此,不能以传统的小微企业评级、资信评估和经验判断等方式作为授信依据。

重新认识普惠金融业务

存在"三个不足"。获客规则的政策引导不足,未能通过明确的营销指引等工具明确目标客户范围,导致分行"东一榔头西一棒子",无法集中精力去发力优质小微基础客群。产品设计的精准度不足,各项产品不同程度地存在"大而化之、粗枝大叶"的问题,贷前调查、审查审批、贷后管理等环节精准度不足。过程管理不足，不同程度地存在"重贷轻管"的心理和操作，尤其是贷后管理工作不到位，无法及时发现风险并予以合理处置。

存在"三个不变"。普惠金融贷款与一般贷款业务一样，资产投放的方向没有变，围绕交易银行和供应链金融做深做透客户的路径没有变，严控风险并大力拓展优质客户的定位没有变。

存在"三个不同"。与一般对公业务直接改变核心企业资产负债表不同，普惠金融贷款资金入口从大企业变为供应链上下游的小企业，直接进入实体经济，且不改变核心企业资产负债结构。与一般对公业务承担最终风险不同，普惠金融业务承担的风险由最终风险转变为过程性交易风险。与一般对公业务依赖经验判断和对借款人严格审查不同，普惠金融以标准化产品为主，对借款人审查从经验判断转变为核心企业和借款人交易关系的逻辑判断。

重新认识普惠金融定位

1. 客户定位。

一是可溯性，要有明确的获客来源和获客规则。二是协同性，要对个人和对公客户获取和维护、客户结构和业务结构优化、协调均衡发展具有积极作用。三是成长性，要具有一定的成长空间和价值，能够成为大中型公司客户、私人银行客户和高端零售客户的后备力量和"生力军"。四是安全性，要有明确的风险落脚点或风险控制措施。五是择机性，要选择合适的时机，以合适的方法、产品和场景对接客户。

2. 功能定位。

普惠金融贷款要在现有业务基础上进行延伸，丰富客户生态，释放业务潜能，才能在整体业务发展中获得发展空间。

一是连接协同，通过连接大中型企业客户和小微企业客户，连接公司客户和零售客户，连接个贷、信用卡、私人银行等客户，加强与公司、投行、零售、私行、信用卡等业务的联动协同。

二是潜力挖掘，围绕存量优质公司客户挖掘业务机会，拓展交易链、资金链、票据链、产业链等链条上的普惠金融客户，在深化大中型企业金融服务的同时，增加普惠金融客户的金融可得性和商业银行综合收益水平；围绕存量个体工商户、小微企业主和私人银行客户，加强个人和公司一体化营销和服务，提升营销效率，提高客户黏性和综合效益水平。

三是丰富生态，将普惠金融作为对接各类场景和平台的切入点，增加客户来源，丰富客户和业务生态；同时，将普惠金融作为金融科技和创新成果的主要应用领域，加快金融服务线上化、智能化进程，打造以金融为核心的生态圈和开放平台，提升客户合作价值。

3. 产品定位。

一是要简，即业务逻辑清晰、流程便捷、环节紧凑，减少非必要的流程设计、非必要的人工操作、非必要的附属系统对接，使业务"轻装上阵"。

二是要明，即开户、授信受理、审查、审批、用信、贷后管理标准清晰，合作客户易于理解，经营机构易于操作，客户经理易于判断，参与各方体验良好。

三是要广，即坚持小额分散，通过产品标准化、大数据应用、平台对接和风控模型开发，形成供应齐全、优势突出、组合多元的产品体系，服务更为广阔的普惠金融客户群体。

四是要宜，即坚持保本微利原则，普惠金融产品定价要适中，贷款定价要符合监管部门的要求，力求通过结算、理财、信用卡等综合服务提升综合收益水平。

重新认识普惠金融模式

在获客渠道方面：一是自己的客户，即从已有的结算客户、消费贷款客户、信用卡客户、私人银行客户等挖掘和经营；二是客户的客户，即依托公司和机构客户群进行链式营销；三是产品的客户，即以标准化产品为获客手段，提高市场影响力，到市场上营销和选择与标准化产品相匹配的客户；四是场景的客户，即通过渠道合作和场景切入，真实、批量地获取客户；五是同业的客户，即通过与同业合作，优势互补、错位发展、共拓市场、共同服务、有效转化。

在获客模式方面：第一类是点模式，聚焦传统实物有效资产；第二类是线模式，聚焦可转化的流动资产、核心企业或政府信用（链金融）；第三类是面模式，聚焦挖掘信用资产、平台信用（平台金融）。

重新认识普惠金融风控

从风险评估角度来看，普惠金融无法使用通常的风控逻辑。

大企业授信依靠财务报表和授信经验，微贷授信依靠大数法则和群体识别，小微企业"高不成，低不就"，可以借助"转换插头"，将大企业、大机构的信用延伸到小微企业，让小微企业获得授信支持。

从风险缓释角度来看，历史经验表明，小微企业和小微企业之间的信用叠加，不但不会提高履约率，反而只会让资信水平更低。因此，普惠金融贷款原则上不能接受小微企业互联互保。

从风控手段角度来看，将风控聚焦于标准化产品的设计和大数据风控规则，而不局限于授信主体的财务变动状况，借助标准化产品和大数据风控进行源头管控，开发大数据风控模型，实现自动化授信审批和智能化贷后管理，是控制普惠金融风险的核心手段。

从过程管理角度来看，必须加大业务的检查和抽查频度，及时发现产品、流程、系统等方面存在的问题并整改完善，防范化解系统性、批量性的风险。

重新认识普惠金融发展方向

集中化是前提：历史经验表明，分行各自探索体制机制、创新产品服务的措施并没有很好地控制好资产质量，因此发展普惠金融必须"集中化"，坚持"总行顶层设计、分行集中运营、支行专业营销"，更好地实现业务发展和风险管理、统一管理和分级授权的动态平衡。

专业化是基础：普惠金融贷款不同于一般授信业务，具有

"小额分散、点多面广"的典型特征，操作成本高、风险控制难。因此，必须构建专业化的管理体系，打造专业的产品系列、专业的业务流程、专业的经营机构、专业的组织架构、专业的客户经理队伍、专业的资源配置、专业的IT（信息技术）系统和专业的考核评价等，夯实发展基础。

标准化是原则：只有通过标准化，才能实现规模和效率的统一、风险和收益的统一。因此，发展普惠金融，必须坚持标准化的流程设计、标准化的风险管理、标准化的产品设计、标准化的系统开发及标准化的客户营销。

线上化是关键：普惠金融贷款操作成本高，业务耗时长，因此，必须加强金融科技应用，加快产品线上化开发，丰富线上化功能，优化线上化流程，并积极推动线上化作业，通过线上化提升客户体验、降低人力成本、提高运营效率。

场景化是本源：场景是实现批量获客和获取真实交易数据的重要渠道。因此，必须聚焦真实交易背景和真实资金用途，基于交易前、交易中、交易后等场景，满足客户交易中的真实资金需求，对接标准化产品，促进小微客户交易达成，支持实体经济发展。

智能化是方向：智能化是未来竞争的制高点，因此，普惠金融贷款必须进行长远布局，通过大数据的挖掘和积累以及风控模型的开发与运用，培育客户识别能力、风险控制能力和综合经营能力。

重新认识普惠金融发展理念

一是要真抓实干，不要形式主义。普惠金融是典型的"一把手"工程，需要"一把手"真重视、真给力。"一把手"支持是最得力、最好用的政策，是最可靠的保障，需要真懂行、真得力，需要求真务实、真抓实干，不能"光喊口号、光说不练"，不能"敷衍塞责、马虎应对"。否则，一定会在业务成效上实打实地反映出来。

二是要协同发展，不要单打独斗。普惠金融是一项"系统性工程"，不能孤军奋战，必须发挥协同优势，融入全行业务发展并寻找机会。内部要强化板块联动，借力优质核心企业客户，以大带小，批量获客；外部要借力供应链平台和大数据服务商等平台及中小金融机构，合作获客、收益共享，起到"协同发展、事半功倍、风险可控"的三赢效果。

三是要脚踏实地，不要舍近求远。自身已有的客户基础和业务优势，是发展普惠金融最好的资源和最近的宝藏。要立足现有资源整合和潜力释放，从最擅长、最好做的业务做起，重点依托机构和企业类对公客户优势，将政府机构和核心企业上下游小微企业客户作为供应链业务的主攻方向。

四是要取长补短，不要趋短避长。要凭借自身客户基础、业务优势和特色资源实现借力发展，而不要舍本逐末去搞同质化竞争。在普惠金融发展过程中，将这些优势充分发挥出来，才能做出成绩、做出特色。如果一味地看到短板，缺少借势而为的思考和探索，片面认为没有小微基因，裹足不前，必然一事无成。

五是要勤奋踏实，不要投机取巧。普惠金融是一项"辛苦活儿"，可以有好的方法，但从没有捷径，也不能弄虚作假，需要稳扎稳打、务实笃行，从组织架构、客户营销、产品落地、队伍建设等一点一滴做起。只有基础打得扎实，才能行稳致远、持续发展，临时冲任务、搞小动作，只能聊以卒岁，必然无法持久。

六是要果敢坚决，不要瞻前顾后。不能迟疑和犹豫，要有"等风来，不如追风去"的勇气，坚决果断地按照"事业部"或"准事业部"模式去完善组织架构，组建专业人员队伍，落实风险派驻和转授权，配置绩效考核资源，积极主动推进业务发展。那些瞻前顾后、犹豫不决的机构，必然在行动上缩手缩脚，在各项工作上就会丧失主动权，错过业务发展的良好时机。

七是要着眼长远，不要只顾当前。自古"不谋万世者，不足谋一时"，要摒弃"做指标、冲任务"的不合理的短期业绩观，树立"做业务、做客户"的长期发展观，将普惠金融作为培育基础客群、实现战略转型的重要抓手和有效途径来看待。有了这样的客户基础，银行经营才会行稳致远，才能打造百年老店。

八是要紧跟规划，不要自行其是。每家银行的资源禀赋和区域环境各不相同，有必要因地制宜地发展特色业务。但是，既不能好高骛远、剑走偏锋，也不能异想天开、别出心裁，要处理好主流和特色的关系，做标准明确、流程清晰、风险可控的业务。

扬长避短，持续探索特色发展模式

目前，国内主流商业银行都在发展普惠金融方面做出了自己的模式，形成了自己的特色。

国有大行的破题

发展普惠金融是新时代重要的政治任务,是推动实体经济高质量发展的新引擎,是解决社会难点和民生痛点的新动能。对国有大行来说,发展普惠金融既是践行大行责任、发挥"头雁"效应、开拓进取的社会担当,也是顺应经济大势、加快转型发展的适时选择。

1. 落子普惠金融事业部。

2017年,《政府工作报告》明确鼓励大中型商业银行设立普惠金融事业部,实行差别化考核评价办法和支持政策,有效缓解中小微企业融资难、融资贵问题。2017年5月,原中国银监会等11部委联合印发《大中型商业银行设立普惠金融事业部实施方案》,要求商业银行设立普惠金融事业部,加速构建专业化普惠金融体系。近年来,国有大行积极贯彻中央部署和监管要求,快速挂牌成立普惠金融事业部,形成各具特色的发展模式。

2017年4月,建设银行在国有大行中最先成立普惠金融事业部,并推动普惠金融向一、二级分行,及县域、乡镇延伸,形成总、分、支"三级"普惠金融垂直组织架构。工商银行成立普惠金融业务部的同时,打造以"六单"机制为核心的普惠金融专业化体制机制,对普惠金融实行单独的信贷管理、单独的资本管理、单独的会计核算、单独的风险拨备与核销、单独的资金平衡与运营和单独的考评激励约束。农业银行在设立普惠金融事业部的同时,设置了核算与考评中心、资本和资金管理中心、风险管理中心、信用审批中心、信用管理中心、人力资源管理中心、渠道管理中心与互联网金融管理中心8个中后台支持中心,努力提升小微金融服务水平。中国银行依托中银集团资源,与中银富登村镇银行、中银消费金融公司形成"1+2"的普惠金融事业部组织架构,在总行及36家一级分行成立普惠金融事业部,营业网点全部作为普惠金融服务网点,打造层次丰富、覆盖广泛的"大普惠"服务架构。邮储银行成立之初就确立了服务社区、中小企业、"三农"的大型零售银行战略定位,2017年9月在设立小企业金融部的基础上,又组建了三农金融事业部,持续加大普惠金融服务力度(见表5-1)。

表5-1　国有大行普惠金融机构设置情况

银行名称	时间	机构设立情况	职能或运行机制
工商银行	2017年4月	总行设立普惠金融业务部	"六单"机制
农业银行	2008年3月	董事会设立三农发展委员会	统筹全行"三农"业务的战略决策
	2008年8月	总行管理层设立三农金融部管理委员会	统筹服务"三农"重大事项决策部署
	2008年8月	总行设立三农金融事业部	针对资本、资金、信贷、核算、拨备与核销、考评激励等方面,建立整套专业化的"三农"政策制度体系
	2017年4月	总行设立普惠金融事业部	借鉴2008年"三农"金融事业部改革经验,重点服务城市普惠金融领域

(续表)

银行名称	时间	机构设立情况	职能或运行机制
中国银行	2017年6月	总行管理层设立普惠金融管理委员会	统筹管理和推进全行普惠金融业务
	2017年6月	总行设立普惠金融事业部	借鉴村镇银行建设经验,负责普惠金融业务的政策制定和规划
建设银行	2017年4月	总行党委设立普惠金融发展委员会	统筹推进普惠金融业务的管理和发展
	2017年4月	总行设立普惠金融事业部	牵头完善与普惠金融重点服务对象相适应的管理机制、业务模式、产品、服务和技术支撑体系
交通银行	2017年6月	总行设立普惠金融事业部	牵头完善普惠金融垂直化、专业化经营管理体系
邮储银行	2017年9月	总行设立三农金融事业部	设立了四级架构,实行独立核算、专业化运营,打造专业化为农服务体系,统领"三农"金融业务

资料来源:根据公开资料整理。

2. "西瓜""芝麻"一起捡。

国有大行大多起步于公司业务,积累了丰富的大客户资源。国有大行在发展普惠金融过程中,积极依托大客户优势,连接外部市场、融合优势资源,把普惠金融打造成新的战略高地和业务增长极。

中国建设银行:"双小"+"金融科技"。

建设银行普惠金融发展战略中的"双小",主要是针对传统经营体系下的"双大"——大行业和大企业提出,指小行业和小企业。其中,小行业是指行业细分基础上,更加专业化精细化的行业，而不是容量小的行业。因此小行业并不代表小众市场，而是指代大众市场。同样，小企业是指海量的小微企业和个体工商户等市场主体，其中既有与大众生活息息相关的，也有代表未来社会发展趋势的，还有围绕乡村振兴战略的新型农业经营主体等。建设银行用"双小"连接和承接"双大"，通过"双小"与"金融科技"相互形成战略支持，从而实现与原有优势的融合，逐步构建数字化普惠金融新模式。

建设银行以客户为中心，针对互联网经济和自助化消费的客户特征，推出银行业首个手机端服务平台"惠懂你"。"惠懂你"针对小微企业和个体工商户，提供 7×24 的在线服务，可精准测度可贷额度，可见即可贷；支持线上股东会，利用区块链技术进行电子签名；可将平台"出海"，融入头部互联网平台、政府、园区等场景，实现场景化、数字化生态衔接，致力于为客户带来便捷、高效的服务体验。

邮储银行：推动政银企合作。

作为金融服务机构，银行业长期以来积累了丰富的客户资源和数据信息，通过"银企"合作对客户资源和金融资源进行整合，能够带来双方共赢的局面。此外，国有大行与政府的合作也是银行业的另一大着力点。一方面，政府层面拥有大量关键数据信息，可以实现银行业务在诸多领域的拓展；另一方面，通过政府平台撮合，可以推动银行、担保、保险等多方共同解决小微企业贷款的风险缓释问题。

"小微易贷"就是邮储银行通过政银企合作，助力普惠金融发展的创新之举。具体而言,"小微易贷"是邮储银行针对具有有效的结算流、信息流等数据验证信息的小微企业客群推出的短期流动信贷产品。以"小额分散、快速便利"为主要特征,其产品设计主要从小微客户的行为特征出发,根据客户行为数据分析其实际经营情况和履约能力,无须财务报表,可信用、可抵押,单户授信高达人民币 200 万元。

股份制银行的破冰

纵观股份制银行普惠金融发展历程,有过"甜蜜期",也经历过痛苦的"阵痛期"。近年来,随着监管政策创新及商业银行经营理念和模式更新,股份制银行普惠金融发展逐步进入"成长期",形成百花齐放、百家争鸣的发展格局。

1. 曾经风光的那些年。

2005—2014 年,是股份制银行普惠金融发展的"甜蜜期",经历了 10 年的快速发展时期。主要有两个方面的原因:一是股份制改革刚完成,主要股份制银行通过资本市场大幅扩充资本金,有能力进行大规模信贷扩张;二是宏观经济政策推波助澜,国内经济总体处于上行景气周期,尤其是 2009 年国家推出"四万亿"保增长政策,大量中小企业快速扩张,融资需求旺盛。在这快速发展的 10 年中,股份制银行热情高涨、推出大量创新产品和创新模式,但不可否认的是,同时也推出了联保联贷等风险失控的业务,埋下了风险隐患。

2. 家家有本难念的经。

进入2014年以后，全球经济靠强刺激的负面效应显现，国内经济增速放缓，国家推进"三去一降一补"，信贷投向转向基建以及房地产领域，新旧产能转换提速，传统中小企业信贷风险暴露。2014—2017年，股份制银行普惠金融发展进入"阵痛期"，主要是前期非理性发展模式受到外部经济的巨大冲击，进而形成对股份制银行的系统性冲击，风险大量暴露，对金融支持小微企业和实体经济带来较大影响。

3. 波澜壮阔重启征程。

2018年以来，各家商业银行积极搭建普惠金融专业化发展模式，取得较为明显的成效。

第一，搭建体制机制。一是建立支行分层管理体系。将支行进行分类，专营支行设立专门营销团队，配置专职客户经理，重点开展普惠金融业务。一般支行结合客户结构，兼顾普惠金融发展。二是建好普惠金融队伍。建立健全普惠金融分管领导、普惠金融部门负责人、产品经理、专职客户经理以及兼职客户经理五支队伍，制定队伍配置策略，各岗位互相配合，统筹协调资源配置，推动普惠金融可持续发展。三是持续强化考核评价。不断完善普惠金融综合绩效考核、资产质量考核、尽职免责、问责管理体系，建立和优化客户经理绩效积分考核和保护政策，强化专项基金、专项费用等激励。四是优化贷后管理体系。建立普惠金融专门化、线上化、自动化和智能化贷后管理系统，实现既解放生产力，又保证风险可控、业务可持续。

第二，打造产品体系。一是提升基础产品竞争能力。对小微企业的基础产品，在前期的标准化流程基础上提高流程效率，优化客户体验，提升市场竞争能力。二是大力开发特色和创新产品。以互联网金融为创新重点，通过业务场景切入，对接核心企业或业务平台系统，提升小微业务核心竞争能力。

第三，拓展获客渠道。客户群是股份制银行发展的短板。相比国有大行、地方商行和农信社，股份制银行缺少网点，成立经营时间短，因而获取客户成为发展的关键。尤其是针对普惠金融客户，依靠传统的网点和人力资源投入成本较高，必须要走集约化、批量化、特色化之路，要充分依托现有互联网信息技术，丰富各类应用场景，拓展政府部门、小微园区、互联网电商平台、线上供应链等各类渠道，形成持续、稳定的营销渠道。

▼ 专栏5-1　　中信银行专业化组织架构体系

发展普惠金融，关键在于平衡好业务发展与风险管控的关系，既要有效控制风险，确保稳健经营，又要缩短流程、提高服务效率。而这一目标的实现，离不开专业化体制机制的有力保障。近年来，中信银行主动推进体制机制改革，以解决"不敢做、不愿做、不好做、不会做"等问题为导向，初步形成了符合中信银行实际的普惠金融发展模式。

理顺发展思路

中信银行在认真研究党中央、国务院战略部署，和人民银行、银保监会等监管要求的基础上，通过回看自己走过的路，比较别人走的路，远眺前行的路，弄清楚了往哪儿走、怎么走的问题，理顺了普惠金融发展思路。

1. 业务模式上，强化顶层设计。为统一全行思想认识、整合协调各方资源、调动分支机构积极性，同时从整体上、源头上规范业务开展，把控业务风险，守住不发生区域性、系统性风险的底线，总行要当好"总规划师"，对架构体系、业务模式、政策制度、产品流程、系统开发、配套保障等工作进行顶层设计，确保目标一致、方向明确、业务合规、风险可控，为普惠金融发展保驾护航。

2. 业务目标上，坚持商业可持续。为确保普惠金融形成良性的内生发展机制，惠及更多的普惠金融服务对象，需要坚持商业可持续原则。这就要求在适度风险定价、综合经营客户的基础上，更加注重把控风险和降低成本。一方面，加强制度和产品顶层设计以防范系统性信用风险，通过集中化、专业化运营防范操作风险；另一方面，加快线上化系统功能和移动化作业工具开发，由"人控"向"机控"转变，通过技术手段降低成本、防范风险。

3. 业务定位上，聚焦小微金融。中信银行作为股份制银行，机构网点布局侧重于发达的城市区域，能够覆盖到的普惠金融服务对象多为小微企业。同时，考虑到普惠金融监管重点和工作重心仍是小微企业，重中之重又是单户授信1000万元（含）以下的小微企业贷款，因此中信银行普惠金融业务定位聚焦于单户授信1000万元（含）以下的小微企业。

4. 业务推进上，坚持母子行联动。一方面，中信银行各分行重点依托金融风控能力、产品研发能力和线下渠道资源，采取"线下线上相结合"的发展模式。另一方面，百信银行作为法人形式直销银行的典型，天然具备人工智能、大数据、云计算技术优势和创新基因，普惠金融服务以线上业务为主，与母行形成了错位营销和有效互补。因此，在业务推进上，中信银行采取母行与子行齐头并进、双轮驱动的发展模式，推动全行普惠金融差异化、互补式发展。

完善体制机制

中信银行结合自身实际和特色优势，确立了"总行顶层设计、分行集中运营、支行批量获客"的运营模式，搭建了总分支三级机构各司其职、分工合作的体制机制，发挥传统的公司业务优势、强大的公司客户基础和客户经理队伍基础，为专业化发展普惠金融奠定了坚实的基础（见图5-1）。

总行"六统一"

总行党委成立党委书记任组长的普惠金融领导小组，顶层设计和统筹规划业务发展，并将普惠金融作为战略重点，写入全行发展规划。董事会明确由战略发展委员会负责制定发展规划、审

中信银行总分行普惠金融部组织架构

```
                    总行普惠金融部
         ┌──────────┬──────┴──────┬──────────┐
      市场营销处  产品创新处   风险管理处   业务管理处
                         │
                    分行普惠金融部
         ┌──────────┬──────┴──────┬──────────┐
   业务管理及市场营销室  授信审批室  放款管理室  贷后管理室
```

中信银行普惠金融运营模型

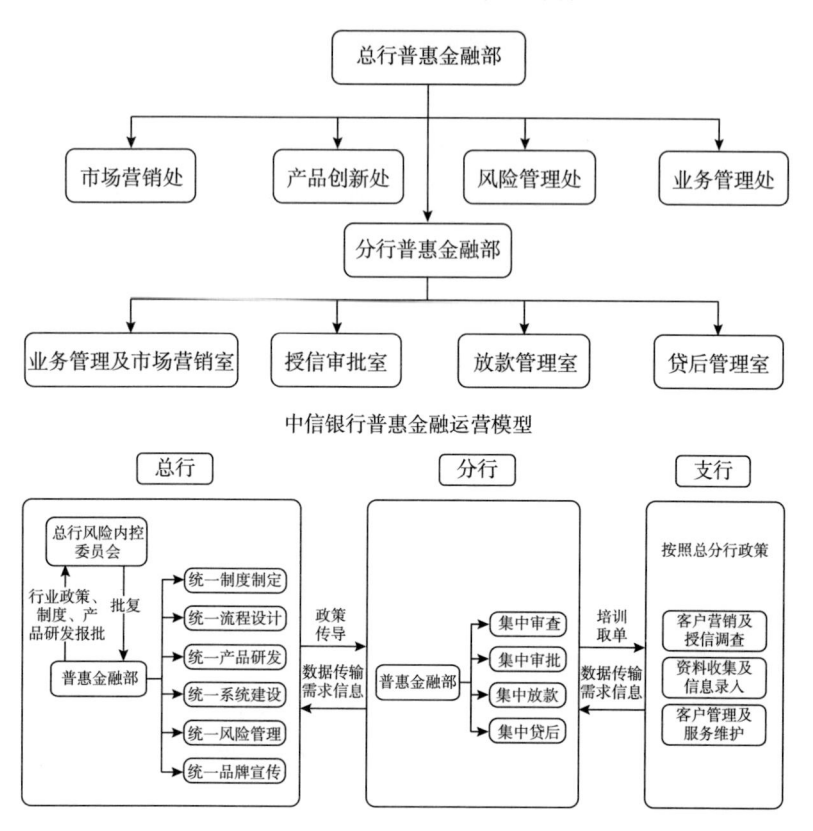

图 5-1　中信银行普惠金融专业化组织架构体系

议经营计划。监事会将普惠金融等监管政策落实情况纳入高管评价体系。在总行成立 30 多个相关部门组成的普惠金融工作小组，协调推进业务发展。持续完善顶层工作机制的同时，持续完善总行组织架构，设立普惠金融一级部，按照"制度、流程、产品、系统、风险、品牌"六统一原则，负责全行普惠金融统筹管理和顶层设计。

一是统一制度制定。总行普惠金融部负责牵头统一制定行业政策、产品管理、业务管理、考核激励等制度,与风险部门联合制定风险管理、授权体系及政策等相关制度。

二是统一流程设计。普惠金融评分开发、系统配置及流程应用等所有业务流程,均由总行按照标准化模式设计,并固化在系统中。

三是统一产品研发。总行从客户的角度出发,注重客户体验,并设计好风险管理的流程模式,确保从产品设计源头上控制好风险。分行可根据区域市场和客户调研情况形成产品需求上报总行,由总行统一归口开发后应用。

四是统一系统建设。总行持续强化科技支撑和先进技术应用,将行业及客户标准、业务流程、评分卡模型等固化在系统中,逐步实现系统的"全流程、电子化、标准化、自动化"作业处理机制,实现"人控"向"机控"的转变。

五是统一风险管理。总行强化源头性风险管控,普惠金融年度行业政策、授信政策、审批授权、产品流程等重大事项都要在部门、条线研究讨论的基础上,提请总行风险内控委员会审议。

六是统一品牌宣传。由总行负责推动普惠金融品牌建设,努力打造一个具有中信银行特色、高识别度、高社会影响力的普惠金融服务品牌。

分行"四集中"

各一级分行全部设立普惠金融一级部,牵头辖内普惠金融工作,做好业务推动、产品推广、人员培训。此外,21家重点分行按照"集约化、全流程"原则,在普惠金融部下设4个室,人员编制不少于10人,打造集中审查、集中审批、集中放款、集中贷后的运营管理平台,提高业务办理效率,强化风险防控。

一是集中审查。分行普惠金融部集中进行审查,从授信政策、行业政策、经营情况、风控措施等方面全面评估授信风险并提出明确的审查意见。

二是集中审批。分行普惠金融部集中进行审批,按照总行授权体系及分行转授权安排,实行"风险嵌入+专职审批+分级授权"的审批模式。

三是集中放款。分行普惠金融部集中进行放款审核,按照放款管理办法及操作手册要求,审核授信条件落实情况及放款申请材料的齐备性、一致性和规范性,发放放款指令。

四是集中贷后。分行普惠金融部集中贷后管理,牵头组织开展贷后检查、风险监测分析、风险预警、风险分类,以及到期管理、逾期催收和协助处置问题资产等工作。

支行批量获客

经营机构主要负责按照总分行的行业政策、规章制度、客户标准等统一规范,结合当地区域和市场特点,开展市场拓展、客户维护、贷后管理等工作。

一是客户营销及授信调查。经营机构按照总行制定的行业政策、规章制度、客户标准等统一规范,结合当地区域和市场特点,确定目标客群并组织专业团队开展业务营销,对客户申请发起授信调查。

二是资料收集及信息录入。在授信调查的基础上，按照标准化清单要求收集客户基础信息、经营情况、财务状况等资料，并将相关信息录入系统，建立客户信息。

三是客户管理及服务维护。对存量普惠客户进行管理和维护，加强对客户经营情况和风险状况的监测，挖掘客户其他金融需求进而匹配相应的服务，在稳定客户关系的同时，提升客户综合贡献度。

城商行、农商行和农信社的执着

城商行、农商行和农信社天然具备发展普惠金融的基因，近年来坚守在小微企业和涉农贷款等重点领域和薄弱环节，在发展普惠金融方面做出了一系列积极有效的探索（见图5-2）。

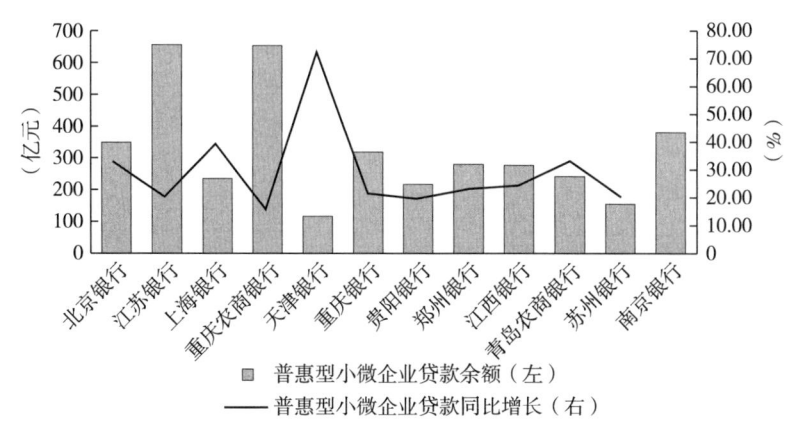

图5-2 2019年城商行、农商行普惠型小微企业贷款情况

1. "本土化"的农信社和农商行。

农信社和农商行是农村市场最重要的金融机构。1996年，农

信社作为独立经营的金融机构，正式与农业银行脱钩。近年来，农信社积极推进机构改革，大量农信社改制为农商行，但有一点基本没有发生改变，那就是农信社和农商行仍坚持深耕县域和乡镇街道，依托独立法人机构优势，较好地满足了小微企业和普惠客户"短、平、快"的需求。

一是从客户群维度来看。农信社和农商行是县域经济覆盖面最广的金融机构，县域经济金融稀缺性决定了农信社和普惠客户是相互依存、相互依赖、共荣共生的关系。依托网点的延伸拓展，农信社和农商行在客户群经营和获取上具有得天独厚的优势。

二是从体制机制维度来看。农信社和农商行大都是总分两级组织架构，管理半径较短，可以避免冗杂的决策流程，能够快速创设融资产品，有效提升审批效率。

三是从产品服务维度来看。结合区域产业发展和小微企业特点，农信社和农商行形成了以县域为基本单位、各具特色的产品体系。例如，在担保方式方面，建立住房抵押、土地厂房抵押、排污权抵押、商标权质押、股权质押、林权抵押、海域使用权抵押、应收账款质押、出口退税账户质押及保证类和信用类等贷款品种；在还款方式方面，推出"年审制""无还本续贷"等方式。

四是从平台渠道维度来看。随着移动互联网和金融科技的快速发展，农信社和农商行全面推进数字化转型，建立线上化的普惠金融服务渠道，有效应对不断变化的应用场景和日益增长的业务需求。

五是从政策支持维度来看。农信社和农商行与地方政府有着紧密的联系，在发展普惠金融业务过程中，深度绑定政府各类资源，推动银、政、企三方的合作。

六是从风险防控维度来看。基于"小额、流动、分散、本土化"特点，农信社和农商行构建"人情网"与"数据网"结合的风险防控架构，"数据跑"协助"人工跑"，形成了独具特色的风控模式。

▼ 专栏5-2　　常熟农商银行"四个引领"推动普惠金融发展

近年来，农村市场成为普惠金融的重要战场和阵地，对地方中小银行尤其是农商行而言具有先天优势。常熟农商银行立足苏南民营经济发达这一区位优势，通过"四个引领"打造普惠金融服务新格局。截至2021年6月末，累计发放小微企业贷款2 733亿元，服务小微企业和个体工商户近60万户。

一是党建引领，切实提升服务意识。持续推进"党建＋金融"融合发展，通过强化政银合作和结对共建、党员联动、志愿联扶、活动联办等方式，推动金融惠民工作走深走实。

二是服务引领，不断拓宽服务覆盖。不断推进服务下沉，依托109个营业网点和86家普惠金融服务点，打造"城－镇－村"三级金融服务网络，实现1个行政村配备1名专职服务经理，15个小微企业配备1名专职服务经理。同时，采取综合化、移动化、数字化方式，在贷款申请、审批、发放等环节嵌入线上工具，提高服务效率。

三是需求引领,持续提供公益服务。采用群众喜闻乐见、通俗易懂的方式开展金融知识宣传教育活动,开展反洗钱,防范校园诈骗、电信诈骗等金融知识普及活动。通过增加助老设施、主动上门服务,满足老年人等特殊人群的服务需求。

四是人才引领,推动综合服务升级。探索存贷一体业务融合模式,大力培养综合性客户经理队伍,通过组织开展综合素质集训营,提升员工综合素养和服务能力。

2."接地气"的城商行。

与农信社和农商行相似,城商行具有点多面广、覆盖城乡的地缘优势,成为践行普惠金融,服务民营、小微企业和"三农"的重要力量。作为服务"三农"的主力军,城商行人缘、地缘优势突出,结合自身资源禀赋和独特优势,持续探索特色化、差异化发展路径,在支持当地小微企业、下沉金融服务等方面发挥着不可替代的重要作用(见图5-3)。

江苏银行"税e融"。为顺应互联网普惠金融发展趋势,江苏银行进行了不断的尝试与探索,小微企业贷款在江苏省内市场占比均居第一。尤其是以"税e融"业务为代表的"e融"系列产品,形成了"全线上、全天候、全自动、全信用"的小微信贷业务模式。

通过将业务流程嵌入互联网,使客户可以直接在网上银行和手机银行进行贷款操作,方便快捷。同时,客户还可以随时随地

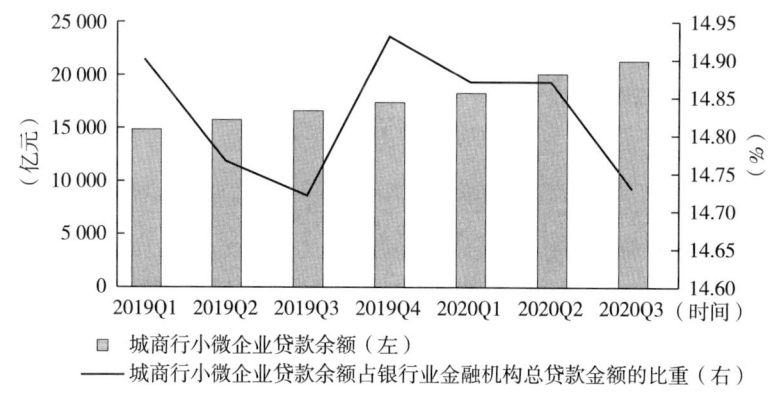

图 5-3　城商行普惠型小微企业贷款情况

查看自己的贷款额度等信息，了解还款动态，降低了贷款逾期欠息的潜在风险。同时，江苏银行还着力推进网上银行、手机银行、直销银行等线上平台的部署，客户可以直接通过移动终端享受到安全快捷的金融服务。

重庆银行"好企贷"。重庆银行成立于 2007 年，其前身是 1996 年成立的重庆市商业银行股份有限公司。重庆银行定位为"地方的银行、市民的银行、中小企业的银行"，与国税局合作开发了"好企贷"，破解小微企业、民营企业"融资难、融资贵、融资慢"的困境。

"好企贷"的数据来自工商、税务、法院和征信等部门，基于大数据技术，实现了对小微贷款的贷前调查、贷时审查、贷后管理和风险预警的全流程在线管理。"好企贷"适用对象广泛、门槛低，只要年满 18 岁，征信良好，纳税良好，法律信誉良好，均可以在线上申请贷款。根据借款人征信情况，贷款金额最高可达百万元，月利率最低可达0.7%，在审批时可实现"秒批"。

对于城商行和农商行在普惠发展方面的优劣势比较详见表5-2。

表5-2 城商行、农商行普惠发展的优劣势分析

优势	劣势
获客能力是关键 除传统网点之外，近年来主要依托"进社区"和"线上化"两大渠道获客，形成相对稳定的普惠金融生态圈	**模式偏"重"** 主要依托网点广覆盖、人员下社区乡村等方式推进，虽然近两年在数字化转型上有所突破，但仍主要依赖资源投入
专业便捷是助推器 在体制机制、业务流程等方面建立了较强优势——高效的审批体系和反应机制，实现"简、快、易"的小微金融服务	**风控偏"信"** 很大一部分产品业务为保证类、信用类，此类业务风险防范主要落实在"自然人"的信用上
风险控制是保障 实现"数据交叉验证""看老板看人品"相结合的风险防控体系	
产品创新是撒手锏 结合区域市场、行业特点形成了"接地气"的产品体系，具有较强的普适性、针对性和竞争力	**客户偏"老"** 以信息技术、5G、物联网、区块链、生物医药等为代表的新经济介入较少

▼专栏5-3　　**令人瞩目的台州模式**

台州地区是民营经济的重要发祥地和聚集地之一。2015年12月，台州成为国家小微企业金融服务改革创新试验区。台州以试

验区为载体，建立了一整套以民营经济为主导、小微企业为主体的与实体经济相匹配的金融服务体系。目前，小微企业金融服务改革已成为台州的一张名片，而台州模式也已成为全国普惠金融发展的一张名片，多次得到党和国家领导人的关心和批示。

市场基础好。小微企业是台州的名片，台州市80%以上的经营主体是小微企业，总量约40万家。同时，台州市有"制造之都"的美誉，有汽摩配、医药化工、家用电器等20多个规模上百亿元的块状特色经济。

银行主体多。台州已形成了五大行为主体——政策性银行、股份制银行、城商行、农村中小金融机构、新型农村金融组织并存的多层次金融服务体系。同时，台州的台州银行、泰隆银行、民泰银行等法人城商行坚持小微的定位，成为引领和支持小微企业发展的主力军。比如，台州银行深耕小微、普惠30年，泰隆银行自创办之日起便专注"服务小微企业、践行普惠"，民泰银行更是有着"小企业之家"的美誉。

金融供给准。台州银行业以"企业有需求，银行想办法"为原则，主动适应小微企业，针对融资难融资贵的问题，创新产品服务，破难点除堵点，实现小微企业融资畅通。

一是创新融资监测与服务机制，形成信息高效对称。全市范围内铺开融资监测，通过数据归集与走访动态监测企业融资满足情况，主动把金融服务送到企业。台州市政府部门主导建立金融服务信用信息共享平台，对该市市场主体进行信用建档，使企业成为"透明人"。

二是推广续贷方式与中期流贷创新，破解续贷转贷难题。台州在全市推广"零周期、零费用、零门槛""正面清单＋负面清单""正向激励＋尽职免责"的还款方式创新,真正免除小微企业贷款"过桥"环节和"倒贷"费用。

三是细分企业金融需求,提升服务精准度。台州市按照小微园区型、供应链型、科技创新型、吸纳就业型4种小微群体的不同特点,推行园区"五位一体"、供应链平台等差异化和个性化服务方案,帮助小微企业提升核心竞争力。

四是落地政策性转贷款,降低企业融资负担。台州法人银行积极对接政策性银行,探索项目共同评审机制,引入低成本资金,将利润空间主动让利给小微企业。

五是充分授权与移动技术融合,改善服务效率。台州市银行业积极应用"掌上办贷"数字金融平台,带动移动金融作业平台(PAD终端)升级,让客户点点按键,就有客户经理上门办贷,实现小微企业首贷3小时、续贷半小时。

六是提升服务品质,深入一线基层。充分发挥"社区化"管理优势,通过"扫街""扫楼"辐射点多面广的小微企业,与客户做朋友,便利、全面、充分地获取信息,将贷款业务的线上申请与线下调查高效结合,一站式响应小微企业需求。

互联网银行的创新

互联网银行通过利用大数据技术改造金融服务,开拓了普惠金融的一种创新模式。智能风控是践行数字普惠金融的核心,以移动互联网、大数据、云计算、区块链、人工智能等为代表的金融科技快速发展,"数字普惠金融"新模式加速形成,为解决普惠金融触达问题提供了有益的借鉴和参考。

1. 百信银行:"O+O"和"B+B"业务模式。

百信银行(全称为"中信百信银行股份有限公司")成立于2017年,由中信银行和百度联合发起设立,是国务院特批、银保监会主导成立的第一家国有控股互联网银行。成立以来,百信银行承担国务院赋予"银行业转型和金融科技试验田"的使命,坚持"为百姓理财、为大众融资,依托智能科技,发展普惠金融"的战略方向和"AI(人工智能)驱动的数字普惠银行"的发展定位,以"成为全球领先的智惠金融服务平台"为发展愿景,聚焦普通百姓、小微企业、三农和实体经济,依托"O+O"和"B+B"业务模式,通过人工智能、大数据、云计算等技术,探索金融科技和开放银行创新,致力于让百姓乐享简单可信赖的金融生活。目前,百信银行的业务范围已覆盖消费金融、小微金融、财富管理、汽车金融和金融同业等,陆续发布了好会花、百兴贷、百票贴、钱包 Plus、百度闪付卡、百车贷、百商贷等数字金融产品。

2. 微众银行:以金融科技助力普惠金融的互联网银行。

微众银行是国内首家民营互联网银行,成立于2014年12月。微众银行的目标客户群体是个体消费者,致力于在个人与金融机构间架起金融沟通的"桥梁",针对普通百姓和小微企业分别推出"微粒贷"和"微业贷"两大类贷款产品,开通了手机端24小时服务模式。

微众银行的"微业贷"产品,客户基本上都是传统金融机构尚未覆盖的小微客群,基本从事传统的制造业、高科技行业、批发零售业、物流行业、建筑行业,大部分授信客户没有任何贷款记录,从未获得银行贷款。"微业贷"运用了微众银行的互联网技术和大数据风控,在一定程度上解决了银行与企业间信息不对称的问题,为小微企业提供全线上、纯信用、随借随还的贷款服务,解决传统线下人工服务面临的成本高的问题。

"微业贷"客户门槛低,从申请至提款的所有流程全部在线完成,无须担保,只要企业完成工商注册、有纳税记录和信用记录便可申请,额度最高可达300万元,资金到账快,计息周期短,可以随借随还。

3. 网商银行:服务小微企业的新零售金融。

网商银行是由蚂蚁金服发起成立的民营银行,是中国首批试点的民营银行之一,2015年正式开业。开业之初,网商银行就将小微企业经营者作为自己的主要服务对象,通过大数据和人工智能技术改变了传统金融风控模式,主要依靠数据信息分析替代传统人工核查和经验判断,延伸了普惠金融服务半径,扩大了普惠金融服务在农村和小微群体中的覆盖率,降低了服务门槛和服务成本。

2017年6月,网商银行依托支付宝的收钱码平台,推出"多收多贷"贷款服务,让小摊主、个体户也能通过手机快速贷款。目前,该服务已经覆盖全国所有的省、市、自治区的绝大部分城市,很好地满足了小微企业和个体工商户需求。

此外，网商银行与微众税银合作推出"有税贷更多"项目，基于税务发票信息为小微企业发放信用贷款，重点覆盖长尾小微商户。"有税贷更多"产品可直接在支付宝或网商银行 App 申请，只要提交税务数据授权，就可立即获得信用额度。

4. 新网银行："数字普惠，万能连接"特色化经营模式。

新网银行是四川首家、全国第七家民营银行，也是继微众银行、网商银行之后，全国第三家以互联网模式运营的银行。自 2016 年 12 月创立以来，用"数字普惠，万能连接"的特色化经营模式，秉持"用户导向、技术驱动"的理念，依靠"单点突破、快速迭代"的打法，运用云计算、大数据、人工智能等新一代互联网技术，依托在线实时智能风控系统，为广大小微客群提供 7×24 小时金融服务。新网银行年报显示，截至 2021 年年末，新网银行累计发放小微企业贷款 299.82 亿元，累计支持超过 12 万家中小微企业，贷款增速超过各项贷款增速 138 个百分点。

以新网银行 2017 年 3 月上线的"好人贷"产品为例，该产品循环授信、随借随还，不使用不产生任何费用，让用户随时随地都可以应急。用户申请时，只需要在新网银行微信公众号主界面点击菜单栏"好人贷"，简单 3 步操作就可以获得无抵押信用贷款，最快 1 分钟放款，当天到账。

"好人贷"改善了传统金融机构的借贷流程，为用户节省了传统银行排队的时间成本和银行工作人员的操作成本，提升了用户体验和业务效率。此外，新网银行依托金融开放平台，已经与出行、电商、通信、二手车等多个场景平台进行了深入合作，将数字普惠金融持续深入推进。

▼ 专栏5-4　百信银行创新开发"百票贴"普惠金融产品

票据因其兼具支付、融资的双重属性，具有期限短、便利性高、灵活性强、贴现利率低等特点，是小微企业重要的融资渠道。但目前小微企业在票据融资中，仍面临流程烦琐、所需资料多、流通难和贴现价格受歧视等问题。对此，百信银行积极落实国家关于支持小微企业的部署，自主研发了创新型票据贴现产品"百票贴"，通过金融科技手段，拓宽"三小一短"（小企业持有、小银行承兑、小金额、短余期）票据的融资渠道，可实现客户足不出户、秒级询价、秒级审批、资金秒级到账，是中小企业复工复产路上的"及时雨"。截至2021年年末，"百票贴"已为超过3 000个客户提供了450亿元的票据贴现服务，其中90%以上为小微企业，首次获得银行信贷服务的小微客群占比42%。

百信银行推出的"百票贴"产品，通过"票据+互联网"的服务模式，服务全国的小微企业客户，产品具有操作便捷、响应快速、价格合理等特点，帮助小微企业以更低成本获得资金支持，加快了企业资金流转速度。总的来看，"百票贴"产品具有以下特点。

专注小票，贴现面额高覆盖。针对很多银行不支持小额票据贴现的情况，百信银行支持1 000元以下的贴现面额，可以全面覆盖小微企业的电子银行承兑汇票。目前，百信银行完成贴现业务超过13万笔，工作日单日最高贴现笔数2 272笔，占到上海票交所单日贴现笔数的6%以上；在非工作日及节假日，百信银行贴现业务在票交所单日贴现笔数中占比最高超过40%，金额占比最高可到20%。百信银行"百票贴"业务的最小贴现金额仅300多元。百信银行依托科技优势，无论在工作日还是非工作日，依旧为广大中小企业提供持续的普惠金融服务。

专注小微，年利率低。百信银行专注支持小微企业，贴现价格公开且年利率低，帮助企业以较低成本获得短期融通资金。为让利小微企业，"百票贴"产品最低利率不到2%，平均利率低至3%。

全线上操作，简单便捷。一次开通，长期有效，随时随地在线贴现，全流程线上化，免去传统贴现业务线下询价、签约等复杂程序，系统秒级审批，资金快速到账。目前，"百票贴"业务规模达450亿元，月均发生额超过20亿元。在小微企业服务规模方面，累计授信近600亿元，累计授信2 351户，占全部授信额和授信户数的53%和52%，笔均不到30万元，有效满足了小微企业小额、高频的融资需求。

授信行范围广。"百票贴"业务针对国有行、股份制银行、城商行、农商行、民营银行等各种类银行进行授信，票据承兑行范围广。截至2021年8月末，百信银行已为145家银行进行授信，授信额度达300多亿元。

此外，为落实国家碳达峰、碳中和的目标，支持经济向绿色低碳转型，发挥商业汇票在推动节能减排、发展清洁环保产业、解决突出环境问题等方面的支持作用，百信银行积极参与到京津冀地区绿色票据创新中，第一时间与央行紧密联系合作，首单落地"京绿通Ⅱ"专项再贴现创新产品，为17家绿色企业的23张票据融资提供资金支持1 240万元，平均贴现利率仅3%，较本地区普通再贴现票据平均利率低16个基点，为符合条件的京津冀地区绿色企业提供高效便捷的金融产品和服务，引导更多的金融资源向节能减排、绿色低碳项目倾斜，助力绿色经济发展，彰显了百信银行滴灌普惠金融、服务小微企业的社会责任。

2021年7月，我国河南地区遭遇百年不遇之特大暴雨。暴雨灾情牵动着亿万国人的心，百信银行在新闻媒体上得知这一消息后，确定了以"百票贴"为抓手，通过向受灾地区企业定向发放优惠券的形式，助力河南地区复工复产的"驰援计划"。"驰援计划"以精准触达、绿色通道、定向优惠等措施，共支持超过30家受灾企业获得资金融通超过2亿元，帮助受灾企业在最危难时刻渡过难关，顺利实现复工复产。灾情过后，很多得到"驰援计划"帮助的企业给百信银行发去了感谢信，递上了烫金的锦旗。

"百票贴"产品于2020年3月上线，正值新冠肺炎疫情防控期间，为全力做好疫区企业、受疫情影响严重行业及受困企业金融服务，百信银行推出"定向支持计划"，通过开辟企业绿色通道、定向降低贴现利率等方式，支持企业度过现金流危机和复工复产。仅疫情初期，百信银行就定向为超过40家湖北企业开辟绿色通道，解决企业融资需求超过4亿元。A公司是一家位于湖北武汉的制造业企业，在面对几个月的生产停摆期和未来较长的恢复期压力下，2019年采购原材料形成的应付账款已经对企业的现金流产生了严重的安全威胁。企业虽然持有大量其销售商购买产成品支付的商业汇票，但由于在疫情中心地区，主要管理人员和员工都无法返岗，企业无法在银行办理开户和商业汇票贴现手续。在企业应付账款和银行贷款即将到期的最后一天下午6点，企业财务总监了解到百信银行的"百票贴"产品无须开户即可在线办理贴现业务后，立即与银行联系，希望可以在百信银行完成贴现。银行得知企业的困难后，协调相关部门加班加点为该企业服务：派出客户经理线上联系企业财务人员完成注册申请，风险管理部第一时间核定企业授信额度，票据中心工作人员指导企业完成票据贴现操作，运营管理部在当天晚上10点完成贴现资金的划款，赢得了企业的高度认可。

精准发力，持续改善基础金融服务

为持续提升基础金融服务能力和水平，实现"基础金融服务不出村、综合金融服务不出镇"的发展目标，监管机构出台了一系列指导意见，鼓励金融机构加大基础金融服务薄弱地区网点建设，引导银行保险机构加大乡村服务融合力度，在服务渠道等方面发挥合力，更加便捷有效地提供基础金融服务；简化空白乡镇设立简易银行和保险网点审批程序；科学合理推进基础金融服务覆盖，在不具备网点设立条件的乡镇，鼓励通过电子机具、流动服务站和便民服务点等方式实现服务覆盖。财政部等部门配置专项奖励基金，逐年提高补贴金额，引导地方财政增配资金加大补贴力度。

近年来，得益于金融科技的创新发展，特别是互联网金融和移动支付的进步，在相当程度上缓解了偏远或农村地区基本金融服务匮乏的困境，给金融机构指明了基础金融服务商业可持续的发展方向，基础金融服务市场覆盖率、可得性和满意度持续大幅提升。

在这一过程中，各银行发挥自身优势，通过开立网点，摆放自助机具，设置流动服务点、便民服务站、助农存取款服务店等多种方式，积极扩大农村和偏远地区基础金融服务覆盖面，形成各有特色的发展模式。其中，比较有代表性的是建行的"裕农通"普惠金融服务、中信银行的"个人养老金融生态"和北京银行的"富民直通车"。

建设银行："裕农通"普惠金融服务

建设银行创新推出"裕农通"服务，积极解决农村老百姓需求痛点，助力农户美好生活。

1. 扎根县域，践行普惠金融。

我国作为传统农业大国，农业问题关系国计民生，是国民经济的基础，"三农"问题始终是国家高度关注的问题，通过制定专项规划、创新体制机制，对农业进行政策扶持。建设银行积极响应党和国家的号召，推出"裕农通"普惠金融服务，积极与卫生系统、通信公司、电商平台等广泛合作，打通金融服务"最后一公里",成效明显。

2."互联网＋普惠金融"总行落地,分行开花。

建设银行针对县域地区金融存在的薄弱环节,全行合力提供解决方案,总行搭建平台,分行踊跃实践。总行通过新一代系统"裕农通"App、智能POS、"建行裕农通"微信公众号三位结合,构建了"裕农通"服务平台。该平台主要有五大亮点。一是轻终端服务模式。它是业内首个面向县域地区农户提供普惠金融服务的互联网金融平台,应用互联网思维,按照轻资产模式有效解决当前农村地区金融服务的痛点和难点。二是开放式合作模式。秉持开放心态,积极推动"银行＋供销社、银行＋卫生社保、银行＋电商平台、银行＋通信公司"等多种合作模式,支持服务平台层级的对接和整合,借助外力快速延伸县域服务渠道。三是全周期线上管理。坚持互联网思维,实现从服务点申请、准入、巡检、注销的全周期线上管理,减少人力物力投入。四是订单式交易模式。"裕农通"平台采取服务点业主为农户下金融服务订单,农户通过短信银行或手机银行自主、自助完成交易,确保相关业务的合规交易和营销。五是扩展综合化服务。"裕农通"平台在提供存取转缴等基本金融服务的基础上,加载保险、贵金属、理财和贷款等产品和服务,提升县域农户综合服务能力。

建设银行各分行在总行平台基础上积极实践,涌现出众多精彩案例,如湖南分行的"金湘通"就是"裕农通＋通信公司"的典型应用,由建设银行与联通联合为周边农户提供金融和通信服务;山东分行的"农村诊所普惠金融合作项目"就是"裕农通＋

卫生诊所"的典型应用,将金融、社保和医疗就诊服务进行整合,通过农村医务室为农户提供金融、医保缴费、医疗就诊服务;还有更多的分行通过开展"裕农通"业务,帮助当地农户打赢脱贫攻坚战役,切实践行普惠金融,改善农村金融环境。

中信银行:战略性推进个人养老金融生态建设

积极应对人口老龄化、做好老年人金融服务,事关国家发展和民生福祉。近年来,中信银行通过科技赋能,提供有温度的服务,打造客户首选养老金融主办行,满足全方位、多层次、具体化的养老需求。

1. 占领高点:发挥两大优势,将养老金融作为全行战略。

中信银行是国内最早推出老年人专属服务的银行之一。2009年,中信银行率先推出老年客户专属借记卡,随后率先在国内发行老年专属信用卡,10多年来开创国内养老金融业务的多项第一,积累了丰富经验。2019年,中信银行将养老金融上升为全行战略,与中国老龄协会签署战略合作协议,提出"构建覆盖全生命周期养老金融服务体系"规划,致力于打造客户首选的"养老金融主办行"。

此外,中信银行充分发挥背靠中信集团的协同优势和"金融+实业"的资源禀赋,为客户搭建全生命周期养老金融生态圈。中信银行与集团内子公司合作布局养老金融产品,上线个人养老金规划测算系统,上线多只养老基金,为客户提供"人工智能+投资顾问"双脑服务的"信智投"基金组合服务,帮助客户实现养老资金的稳健投资。

2. 疏通堵点：将线下网点打造成为服务老年客户的主阵地。

2012年起，中信银行对全国1 400余家网点进行适老化改造，并制定《无障碍厅堂服务规范》，从完善设施配备、优化服务流程等方面进一步提升服务能力。针对老年人客户推出"幸福三公里"服务，开设绿色通道或免费上门服务。

3. 纾解痛点：科技赋能线上养老金融服务。

2019年，中信银行推出老年客户专属"幸福+"版手机银行App，除字体放大外，进一步加强语音交互、问候提醒等智能应用；上线"健康银行"，提供名医问诊、血糖管理、健康讲堂等专属服务；升级首页及高频交易页面读屏功能；客户首次使用时提供动图指引，更加贴合老年客户需求。

2021年6月，中信银行联合全国老龄办、中国老龄协会发起"百城千场百万老人跨越数字鸿沟"活动，发布《玩转智能手机——开启老年幸福生活》新书。通过这本通俗易懂的图书和60余个手把手指导的视频讲解，帮助百万老年人掌握支付、出行、就医等七大场景中的智能技术应用。

4. 依托支点：数字化再造养老金融服务流程。

首先，建立客户旅程主导下的全渠道协同经营。在网点渠道，培养专业的养老金融规划师队伍，为客户提供养老财务状况检视及长期投资陪伴，实现网点"全覆盖""零距离"。在远程渠道，开通"老年专线"，专门邀请30余名全科医生，线上回答老年人提出的健康问题。在电子渠道，推出专属老年版App，并在多个服务号上推出"幸福+"老年服务模块。

其次,分析客户需求,优化养老金融产品供给。中信银行以数据分析为抓手,理顺流量产品、规模产品、收入产品、深度经营产品、黏性产品系列,优化产品供给和销售渠道,全力打造"幸福+"系列服务,推出养老目标基金、公证养老等,提高重点产品覆盖率,做好产品售前、售中和售后服务,不断助力养老金融客户价值的提升。

5. 打造亮点:建设领先的养老金融服务开放平台。

中信银行全面升级"幸福+"养老服务开放平台,打造领先的"幸福+"服务体系,六大服务板块满足客户"老有所养、老有所医、老有所享、老有所学、老有所游、老有所乐"的全生命周期养老需求。联合中国老年大学协会,上线2 000余节、时长超过18 000分钟的金融+非金融课程。举办丰富多彩的老年才艺大赛,展现老年人精神风貌。联合阿里健康、微医等头部医疗机构,推进"健康银行"建设,提供名医解答、极速问诊、健康讲座等服务。参与中国社会保险学会、中国公证协会"公证养老"项目试点,在业内首创公证养老服务,整合206个城市的2 000余家律师事务所和公证处资源,为客户提供"法律+养老金融"服务。此外,中信银行聚焦群众"急难愁盼"问题,扎实开展"我为群众办实事"活动,组织开展"金融知识进社区、党建引领惠民生"主题宣传,将党史学习教育与"反诈反赌、反假货币、反洗钱"等与民生紧密相关的金融知识宣传相结合,部署各级党组织深入社区开展主题宣传活动。活动中,中信银行党员干部秉承

"党建引领,服务社区,创新协同"的理念,真抓实干、主动服务、送教上门,走进老年社区、学校、劳动密集型企业等重点单位,面对面沟通、手把手辅导,通过小品、歌舞、书画作品等老百姓喜闻乐见的形式创新宣传形式,以案说法讲解实用技巧,结合新型金融诈骗、非法集资犯罪高发的情况,通过讲述金融产品特征、处理流程、金融常识及诈骗常见手段,向金融风险防范意识薄弱的老年人、学生、流动就业群体进行金融知识宣传,提醒老年人要增强日常反赌、反诈、反假的甄别能力,坚持"不轻信、不汇款、不透露、不扫码、不点链接、不听转接电话、不向陌生人提供身份信息"七不原则,帮助大家建立心理防线和辨诈本领,提升风险识别能力和自我保护意识,捂紧自己的"钱袋子",获得大家的一致好评,老人们都笑称中信银行是"行走的金融百科书"。仅 2021 年,中信银行就组织开展各类现场宣传 6 000 余场,直接覆盖 73.5 万社区居民,通过广播、电视等传统媒体及短视频、微信公众号等新媒体开展宣传 2 400 余次,受众超千万。

北京银行:"富民直通车"

北京银行成立于 1996 年,是我国最大的城市商业银行。近年来,北京银行积极发力改善农村基础金融环境,积极探寻城商行特色普惠创新之路,让基础金融服务进村入户、触手可及。其中,"富民直通车"特色服务就是一个有效改善农村基础金融服务的成功范例,多次荣获《亚洲银行家》"中国最佳城市商业零售银行"奖。

以北京银行重点帮扶的河北省阜平县为例。阜平县是全国精准脱贫目标县，其龙泉关镇顾家台村，是远近闻名的贫困村，一直面临"村民不好出、银行进不去"的窘境。2016年7月，北京银行在顾家台村设立富民直通车金融服务站。两名普惠金融联络员每天奔波200千米、往返5~6小时，一人驻守服务站，一人走村入户，为村民普及金融知识，每天统计村民贷款、理财、开卡等金融需求后，汇总至保定分行。分行定期再选派业务骨干到顾家台村为村民提供理财、开卡、信贷审批材料收集等金融服务。通过"银行外拓人员+村镇普惠金融联络员"的组织推动模式，通过"村村通"辐射周边12个行政村，将金融服务拓展至贫困户"家门口"。服务站配有"网银体验机""手机银行体验机""助农取款POS""易转账POS"等机具设备，让村民足不出村就能享受到账户查询、资金归集、转账、还款、缴费、理财等综合化便民服务。

2019年，为进一步促进普惠金融高质量发展，北京银行从支付结算、资金增值、贷款融资、渠道延伸、产业扶植五大方面全面升级"富民直通车"服务体系。一是升级"富民卡"服务载体。与京东金融开展跨界合作，推出特色联名借记卡，推出"定慧盈""结构性存款""大额存单""薪满益足"等产品。二是优化"富民通"服务链条。引入"智能柜员机""PAD背包银行"等便捷机具，延伸服务半径，提升支付体验。三是丰富"富民贷"服务品牌。实现贷款品种体系化，担保方式多样化，合作伙伴多元化，贷款价格普惠化。四是拓展"金融站点"服务渠道。

推出"园区服务站""农家院服务站""驻店服务站""工地服务站"等站点模式,将金融服务"最后一公里"延伸至"最后一米"。五是打造"产业扶植"服务平台。联合各级政府和研究院、协会、担保公司等机构,搭建综合化"产业扶植"服务平台。

第六章

普惠金融的未来发展之路

近年来，金融机构在机构设置、产品创新、风险管理、科技应用等方面进行了积极探索和有效实践，推动普惠金融服务更便捷、更全面、更贴近客户需求，普惠金融覆盖范围、服务效率和质量持续提升，逐步形成中国模式和中国特色。但是，我国的普惠金融仍然存在不平衡、不充分等问题，高质量发展任重道远，必须多管齐下，合力重点解决商业可持续问题。

数字普惠成为更加明确的发展方向

未来，金融科技和普惠金融将会持续深度融合。普惠金融通过信息技术开发和系统建设，在大数据、云计算、数据库、人工智能等领域联合开展创新，将普惠金融服务融入各类生产和生活场景，共建共享全方位的开放金融生态体系，带动普惠金融商业模式、产品服务和组织架构等方面产生更多创新，日益呈现客群覆盖长尾化、风险管理数据化、交易成本低廉化、产品服务综合化等特征，数字普惠将成为更加明确的发展方向和不可逆转的发展趋势。

数字普惠的时与势

数字普惠是商业银行贯彻国家战略、落实监管政策、实现转型升级的必然要求，是有效解决小微企业融资难融资贵问题的可行途径，是新时代推动普惠金融高质量发展的最优选择，是推动共同富裕的重要手段，数字普惠发展正当其时、势在必行。

1. 数字普惠正当其时。

一是普惠金融渐趋成熟。20世纪七八十年代普惠金融在我国表现为以小微贷款为主的微型金融模式，21世纪以后逐步发展成为包含储蓄、支付、理财等在内的广义金融服务。2005年联合国正式提出"普惠金融"概念后，普惠金融进入快速发展阶段。

二是数字经济突飞猛进。党的十八大以来，伴随着大数据、互联网、云计算、人工智能等数字技术的逐步成熟和推广应用，数字中国战略重点推动，经济社会加快数字化转型，积极打造适应数字金融发展的内外部环境，为数字普惠金融发展提供了良好土壤。

三是数字普惠应时而生。依托广泛、多维、实时的大数据，借助指纹、声纹、人脸识别等远程身份识别技术，普惠金融全面开启数字化转型之路，数字普惠应时而生，逐步实现普惠金融服务远程化、线上化、自动化、批量化和智能化，客户经理获客也从"坐商"转变为"行商"。数字普惠以响应快、成本低和覆盖广的优势，有效弥补了传统普惠金融在效率、成本、风控等方面的短板，有效解决了传统普惠金融不平衡、不充分和不可持续的问题，加快实现普惠金融社会效益和经济效益的良性互促。例如，工商银行成立大数据、云计算、人工智能等七大创新实验室，建立了一支涵盖开发、测试、运维等人员的庞大科技队伍，在手机银行7.0版推出小微普惠1.0版，提供以融资为核心的一站式普惠金融服务，申请、还款全流程在线办理，大幅降低了服务门槛。

2. 数字普惠势在必行。

一是落实国家战略的必然要求。党的十八大以来，普惠金融和数字经济逐步上升为国家战略，尤其是2016年《G20数字普惠金融高级原则》作为数字普惠金融领域首个国际性共同纲领发布以来，数字与普惠迅速结合、相待而成。我国的银行、保险机构多数为国有机构，发展普惠金融，做好数字化转型，是必须落实好的政治任务。

二是落实监管政策的必然要求。人民银行、银保监会等印发《关于银行业保险业数字化转型的指导意见》《金融科技发展规划(2022—2025年)》等纲领性文件，引导商业银行全面推进数字化转型，构建适应现代经济发展的数字金融发展新模式，建立面向开放平台的技术机构体系和敏捷安全的平台管理机制，加强业务流程标准化建设，建设数字化风险控制体系，提高数字化运营服务能力，提高金融产品服务可得性和满意度，全力解决普惠金融服务"最后一公里"问题，使金融发展成果更广泛、更深入、更公平地惠及更广大的人民群众，助力实现共同富裕。

三是银行自身转型的必然要求。由于小微企业融资"短、小、频、急、散"的特点，传统普惠金融面临着经营风险大、操作成本高、服务效率低、信息不对称等难题，银行基层普遍存在着"不敢贷、不愿贷、不能贷、不会贷"的问题。数字普惠金融依托金融科技支撑，将数字技术与生活场景、金融服务与现代科技深度融合，建立开放生态网络和全流程线上化智能风险管控体系，为特定场景和特定客群定制特定金融产品和服务，在全时间、全地点和全场景下为海量长尾客群提供智能、精准服务的同时，为客户分层、欺诈识别、信用评估、贷后管理等场景提供有力支撑，有效识别欺诈风险、有效管控业务风险，将违约率保持在较低水平，持续为普惠金融可持续发展提供可行性方案。据测算，仅以数字催收为例，其成本不到人工催收成本的1/10（见图6-1）。

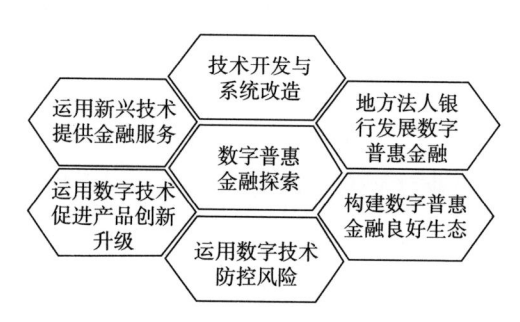

图6-1 商业银行在数字普惠金融方面的新探索

数字普惠的优势和挑战

新时代，数字技术和普惠金融深度融合，可以大幅降低金融服务的门槛和成本，提高金融服务效率和质量，有效破解普惠金融"最后一公里"难题，为促进金融普惠和金融可持续发展提供可行方案，但也面临不少挑战，需要在发展中调整、在调整中发展。

1. 数字普惠的优势。

第一，能让经营管理更有智慧。数字普惠利用远程身份识别、大数据、云计算、人工智能等金融科技，能够实现从客户画像、产品创新、业务办理到风控预警全流程线上化、自动化、智能化，改造了传统低效的业务模式，重塑了以前冗长的业务流程，客户观察更全面，营销触达更精准，资源配置更有效，组织反应更敏捷，服务成本更低廉，金融风险更可控，金融服务可得性及满意度大大提高，"人均效能""项目端到端交付时长"等智慧化经营指标以及 ROE（净资产收益率）、ROA（资产回报率）、银行市值等价值类指标持续提升。例如，浦发银行通过数据建模，智能分析客户风险偏好，为客户精准推荐投资组合，提供全方位的智能理财服务。

第二，能让开放共赢更有生态。通过数字技术和普惠金融深度融合，商业银行可以将金融服务扩展到电子商务、政务服务、技术和数据输出等各类生态和场景，构建开放共享的数字普惠生态系统，通过内部充分协同、主动求变，带动开放服务 API（应用程序编程接口）数量、生态圈 B（企业）端/C（个人）端客户总量、长尾有效客户增量等显著提升，实现生态系统内参与各方的共建共享共赢。例如，建设银行利用信息技术优势，协助政府建立"移动政务服务平台",实现方便个人和企业办事、提高政府服务效率和质量,以及推动银行普惠金融发展一举三得。新网银行将银行服务以 API 形式嵌入合作伙伴 App,满足客户多领域、多样化金融服务需求。

第三,能让客户服务更有温度。数字普惠使得商业银行不再局限于传统的物理网点和工作时间,可以实现对客户的远程身份确认,可以 7×24 小时让客户随时随地获得优质的线上化金融服务,提供超越客户期望、触动客户内心的服务,提升客户满意度,打造无限接近极致的客户体验。例如,农业银行大力发展农村数字普惠金融,将农村用户金融需求特点和移动互联网结合,大力拓展公用事业缴费、彩票资金收付和养老金缴纳等民生项目,便利地满足了偏远地区客群的金融服务需求。网商银行利用大数据和人工智能技术,开创了 3 分钟在线申请、1 秒钟到账、0 人工干预的"310"模式。

▼专栏6-1　　中信银行"中信易贷"供应链金融产品体系

众所周知,小微企业大多围绕产业链供应链生产经营,与核心企业合作大多采用赊销和预付模式,沉淀了大量应收账款和预付账款,长期遭受融资难融资贵问题的困扰。中信银行作为国内供应链金融的先行者和领军者之一,秉持"以客为尊、灵活多变"的服务理念,坚持"回归本源、服务实体经济"的经营原则,按照"信息交互线上化、授信审批自动化、风险管理智能化"的发展路径,将核心企业产业链条向上下游的延伸作为产品体系构建主线的同时,聚焦物流、外贸等特色垂直行业定制融资产品体系,建立门类齐全、方便快捷的"中信易贷"供应链金融产品体系,在有效满足企业融资需求的同时,推动全行普惠金融业务形成"增量、扩面、提质、降本"的良好发展局面,以实际行动诠释了"中信易贷"小微企业轻松贷的品牌主张和理念,也践行了中信银行对公金融"成就伙伴"的初心和价值观(见图6-2)。

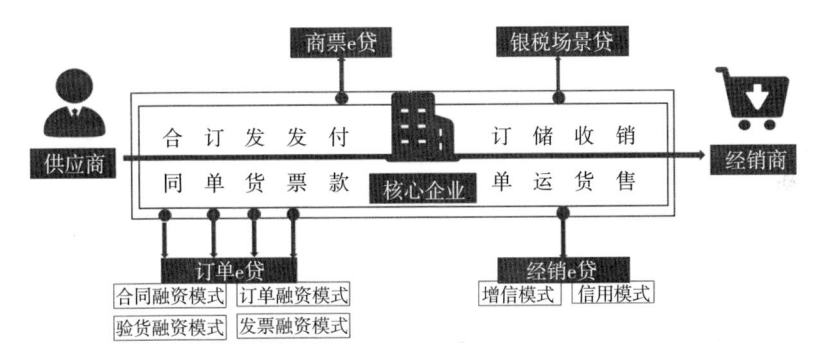

图6-2 中信银行"中信易贷"供应链金融产品模型

深度定制面向供应链上游的融资产品体系

上游供应商对核心企业大多采用赊账的销售方式,形成大量应收账款,日常资金周转受到较大限制,往往出现较大的资金缺口。为充分满足上游供应商的融资需求,中信银行坚持"优选核心、交易真实、回款可控"原则,依托交易数据这一最核心的"无因数据"和"无形资产",盘活订单、应收账款、电子票据等最主要的流动资产,创新开发了涵盖"订单e贷、政采e贷、信e

链、商票e贷、银票e贷、信秒贴"等线上化产品在内的融资产品体系，从而有效识别、精准评估和快速盘活上游企业的商业信用，实现对长尾客户的服务覆盖和融资支持。

其中，以"订单e贷"为例，中信银行创新开发核心企业直联和平台对接两类业务模式。供应链上游企业（即卖方）与核心企业双方签署订单合同后，中信银行参考历史履约情况，按照卖方申请，依据真实有效的订单合同，以订单预期销售专户封闭回款作为主要还款来源，向卖方提供用于生产经营的流动资金贷款。该产品采用循环授信模式，授信金额最高可达 1 000 万元，全流程线上操作，从贷款申请到资金到账仅需要几分钟时间，全程无人工干预，在有效提升客户融资体验和效率的同时，大幅降低操作成本。

深度定制面向供应链下游的融资产品体系

核心企业对下游经销商结算一般采用先款后货或部分预付款的形式。下游经销商要扩大销售，需向核心企业预付大量资金，在生产经营中往往形成较大资金缺口。为充分满足下游经销商融资需求，中信银行坚持"服务实体、优选核心、交易真实"原则，充分挖掘核心企业"商业信用"和"交易信息"，将小微企业的主体信用评估转化为核心企业及其产业链的整体评估，将大企业信用有效延伸至小微企业，创新开发涵盖"经销e贷、信e销、商票保贴、保兑仓、信用证、保函"等产品在内的融资产品体系，实现风险整体识别、客户批量准入和业务线上操作。

其中，以"经销e贷"为例，中信银行通过与核心企业ERP

系统互联或平台数据对接,集成工商、税务、司法、舆情等多维大数据信息,实现多方数据实时共享。在供应链下游企业(即买方)与核心企业签署合同后,中信银行按照买方申请,依托核心企业增信和数据信用评估两种模式,依据真实有效的贸易场景,向买方提供用于生产经营的线上化贷款,用户体验和业务效率大幅提升,一举实现银企双赢。

深度定制面向特色垂直行业的融资产品体系

供应链和产业链的快速发展,离不开仓储物流和外贸等行业的协同支持,离不开物联网、云计算等新兴技术的迅猛发展和广泛应用。近年来,中信银行深入研究外贸、物流等行业小微融资痛点,持续加强金融科技赋能,创新开发"物流e贷、关税e贷、跨境电商e贷"等面向特色垂直行业的融资产品体系。

以近年来快速发展的物流行业为例,2020年物流行业GDP约15万亿元,行业小微企业融资需求约3万亿元,融资需求旺盛、市场前景广阔。但物流企业普遍存在数量多、规模小、信用弱、担保缺等问题,操作成本高、风控难度大,贷款覆盖率不足5%,融资成本普遍为12%~15%,融资难融资贵问题突出。新冠肺炎疫情暴发以来,物流企业经营雪上加霜、举步维艰。中信银行深耕物流行业保费、运费等场景,整合多维度大数据,在业内首创"物流e贷"产品体系(见图6-3),为物流行业客户送去全程线上化融资服务,有效助力供应链高效稳定运转。一是借助数字技术实现客户精准画像。搭建数据分析云平台,建立兼顾安全与便

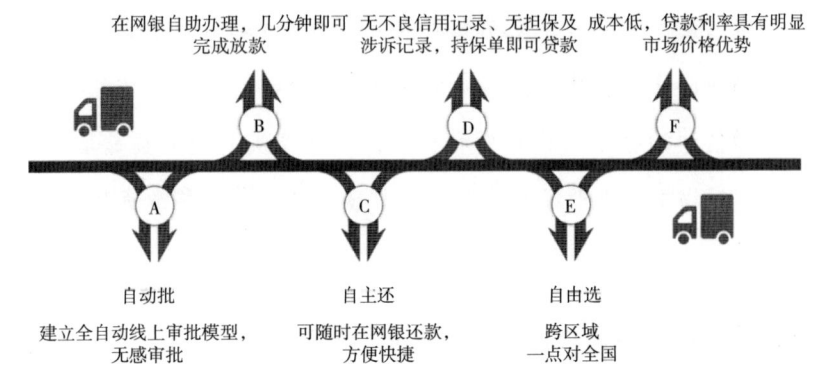

图6-3 中信银行"物流e贷"供应链金融产品

捷的身份认证体系，为客户精准画像，提高反欺诈能力。二是借助移动技术实现客户便捷服务。构建以手机银行、网上银行等为主体的线上服务渠道，借助移动作业平台和内容管理平台实现一站式在线申报。三是借助OCR技术实现保单自动识别。引入OCR（光学字符识别）技术，自动识别和精准提取保单信息，避免操作风险、降低操作成本。四是借助RPA技术实现保单自动验真。引入RPA（机器人流程自动化）技术，自动登录保险公司官网，自动填写和比对信息，全流程自动操作。五是借助数据建模实现业务自动审批。整合行内外大数据，依靠专家经验和人工智能技术，构建智能化风险建模和分析机制，实现秒级自动审批。六是借助风控平台实现智能贷后管理。搭建数字化智能风控平台，建成有3万种组合的风控规则体系，多维度自动开展组合监测和集中度预警，实现首检、定检自动化，大幅提升业务效率和风控水平。

以国民经济中居于重要地位的外贸行业为例，随着"双循环"新格局的逐渐形成和新冠肺炎疫情的逐步控制，外贸已大幅回暖。数据显示，2021年一季度我国进出口总额达到8.47万亿元，同比增幅接近30%。但外贸行业具有"轻资产、高杠杆、低盈利、短周期、缺担保"的特点，业内小微企业占比高、规模小、竞争力弱、抗风险能力差、管理欠规范、垫付资金多、资金回笼慢。大量小微企业只能以拆东补西的方式缓解资金紧张，控制进口规模，降低进口频次，挤压营运资本缴纳进口关税、增值税和消费税等税费，也因此错失了大量发展机遇。中信银行积极响应中央关于做好"六稳"工作、落实"六保"任务的重要决策部署，从关税支付场景精准切入，依据小微企业海关缴税数据，结合工商、司法、征信等大数据模型，利用大数据和互联网金融优势，创新开发"关税e贷"产品，将外贸行业小微企业融资的"难、慢、风险"转化为"易、快、安全"，全流程线上化、自动化，为进口小微企业缴纳关税提供实时信用融资服务，打开了关税支付和资金流通的新格局。该产品将融资和支付场景结合，让通关融资变得跟信用支付一样简单、便捷，让企业的通关像刷信用卡一样：一次办理、一年使用，无抵押、全信用，每月滚动提款，随借随还，成为企业名副其实的大额通关"信用卡"，有效缓解了外贸行业小微企业的缴税和融资难题，有效助力国内外贸行业健康发展，在业内赢得了良好口碑。

2. 数字普惠的挑战。

新技术是一把双刃剑，数字普惠金融同样要有边界，要避免成为新的运动式盲目发展，要避免在大潮退去以后一地鸡毛，要注意把握好规模、效益和安全的平衡发展。

第一，挑战来自数据安全性。数字普惠金融发展的基础是数据，数据安全是数字普惠金融发展的"生命线"。随着数据安全和信息保护相关法律法规的出台，和企业、个人隐私保护意识的觉醒，数据安全问题日益引起监管部门和社会大众的关注，已经直接影响数字普惠金融能否行稳致远、健康发展。

第二，挑战来自风控有效性。数字普惠金融发展的核心是风控，金融风险并不会因为数字化技术的应用而弱化或消失。恰恰相反，数字普惠金融反而面临传统模式下所没有的数据风险、技术风险、平台风险和网络风险，为识别、评估和处置风险带来了新的挑战，也可能会使风险传播得更广、传递得更快、影响得更深。与此同时，贷款诈骗和互联网欺诈风险也呈现出集团化、专业化发展趋势，需要商业银行在发展与风险之间找好平衡点。

第三，挑战来自体制适应性。数字普惠金融要想实现长远健康发展，必然需要在组织架构、管理模式、业务流程、内部授权、运营管理等各个方面进行针对性、适配性改革，需要在各个方面大胆突破和锐意创新。但我们也看到，目前多数商业银行依然存在一系列体制性和制度性障碍，难以及时有效满足数字普惠金融业务发展的需要。

第四，挑战来自政策变动性。面对金融科技浪潮，一方面，人民银行、银保监会等监管部门推出了一系列创新理念和模式，"监管沙盒""穿透式监管""消费权益保护""风险补偿机制""信息保密"等一些监管理念逐步成型，对于引导商业银行加快发展数字普惠金融，产生重大而深远的影响。但另一方面，监管机构也在结合形势变化和业务需要，不断调整和规范市场发展秩序，不断提出更多更细的监管要求，这对商业银行及时调整转换发展模式提出了挑战。

数字普惠的前景和展望

近年来，伴随金融科技日新月异的跨越式发展，我国银行业数字化转型进入快车道，保险、消费金融、供应链金融等行业飞速发展，金融数字化转型基础进一步夯实。金融科技逐渐成为经济增长的新动能，特别是新冠肺炎疫情仍在全球蔓延的时期，"非接触""线上化"成为金融服务的必选项，以银行为主的金融体系借助各自的信息技术实现了服务的连续性，为我国经济复苏提供强有力支撑。普惠金融群体是各类市场主体中受疫情影响最广泛、最严重的，同样也是区块链、云计算、大数据、互联技术、安全技术等金融科技应用受益最多的群体。随着普惠金融的发展逐步进入"深水区"，加快金融科技和普惠金融的融合发展被摆在了一个更为突出的战略位置。

1. 推动金融科技创新发展。

一是加快金融科技在银行业发展。商业银行应继续借助金融科技的发展成果，实现在普惠金融领域群体覆盖更广泛、业务发展更加可持续、服务更便利,突破普惠金融在获客、盈利、风控等方面的瓶颈。借鉴2020年以来金融业万众一心抗击疫情的宝贵经验,继续推进非接触银行服务体系建设,在业务层、运营层、平台层等银行业务的不同层面,借助金融科技实现开放式、非接触服务的推广,创新类似于"智能客服""家居银行"等服务线上化、智能化、便利化模式,提升服务效率,降低服务成本。

二是加快金融科技在其他金融领域发展。金融科技的快速发展,让金融机构获得更多机会和技术,可以应用于普惠金融领域,扩展业务范围。例如,对于保险业而言,在大数据、区块链、云计算、人工智能等数字化技术的带动,保险业变革将"由表及里",催生新的服务需求,产生新的服务模式,加快实现行业从人力密集型向科技密集型发展。"保险+科技"的模式,必然会给小微企业、低收入人群、农户等普惠群体带去新变化。对于供应链金融、消费金融、三方支付等领域而言,金融科技创新是其实现快速发展的重要因素。在这类领域,推动区块链、物联网技术的融合应用,实现供应链金融的客户向"小"、向"微"延伸;推动大数据和人工智能等核心金融科技技术的应用,可以实现客户准确"画像"和精准营销;推动生物识别技术在面签、交互、客服等环节的应用,可以优化全流程服务,大幅改善客户识别、支付安全方面的现状,实现对客户的更广泛覆盖和服务。

2. 推动普惠金融产品创新。

金融科技的发展,尤其是大数据技术的应用最终发挥成效,仍需要金融机构利用未来越来越丰富的信用信息、越来越多元的平台客户信息，针对性创新金融产品和服务，扩大对普惠客户的支持范围。

首先，继续推进银政合作。继续发挥普惠金融参与各方的比较优势，共建共享服务平台。一方面，推进"银税互动"。进一步创新银税贷产品，加快银税数据直连，加强数据安全管理，提升授信审批、风险管理效率，支持普惠群体"以税促信、以信申贷"，扩大受惠企业范围。另一方面，推进"银商合作"。依托全国信用信息共享平台，加快建设全国中小企业融资综合信用服务平台，充分利用市场监管部门掌握的企业注册和经营信息，搭建银企融资对接平台，创新"信易贷"相关产品，缓解小微企业信息不完整、不透明等问题。

其次，持续利用新技术创新金融产品。继续挖掘信用信息"数据金矿"，创新普惠金融产品。例如针对农村信用系统以及金融科技新的突破，金融机构应与时俱进，继续创新针对性的产品，跳出传统信贷产品思路，实现对新数据、新技术的有效利用。例如，多元化征信机构多利用场景化数据，定向服务特定客户，金融机构也应跳出依托于行业定性分析客户的传统思路，借助征信机构的场景优势，依托不同场景来分析客户，利用大数据技术完善征信体系，创新产品，推动普惠金融发展。

开放生态成为更加有效的发展模式

普惠金融客群具有需求多元、分布广泛、风险复杂并且识别成本高、金融素养参差不齐等特点。传统金融机构通常独立完成营销、调查、审批、放款、催收等全部环节，往往耗时较长、成本较高，客观上不利于普惠金融覆盖面的扩大、客户体验的提升和融资成本的降低。从长远来看，普惠金融实现高质量发展，必须建立一个全方位、多层次、开放性和互补性的生态系统，将各级政府部门、监管机构、社会组织、金融机构、实体企业等市场主体，通过开放式生态体系联系起来，实现强强联合，形成"1＋1＞2"的协同效应。

拓宽更多元的资金来源

通过开放式普惠金融生态体系建设，可以将政府部门、非营利机构纳入其中，将小额贷款公司和互联网金融等不同类型的金融机构作为商业银行的有效补充，将商业银行、小贷公司、互联网金融等多种资金禀赋合理搭配，拓宽资金来源，通过专业化风险管理机制和措施，进一步丰富普惠资金的风险偏好种类，形成更多元的资金来源，为生态体系提供稳定、持续的"活水"，为小微企业、低收入人群、农户、妇女等群体提供金融服务，促进更多的普惠群体获得更低门槛和更低成本的金融服务，满足更下沉群体的融资需求。近年来，监管机构鼓励具备分行条件的商业银行积极发行小微企业专项金融债，鼓励商业银行用好用足货币政策直达工具、支农支小再贷款等工具，积极加大政策性银行转贷款资金投放力度，重点针对基础生产领域信贷、农副产品流通支持、农村基础设施建设信贷、农村专项信贷、扶贫类信贷等普惠金融重点领域，更好地满足小微企业融资需求。

打造更开放的服务生态

按照"开放、包容"的原则，充分调动和发挥传统商业银行和新型业态主体的积极性、能动性。商业银行将自有数据与生态体系中的小贷公司、保险公司、担保公司、互联网公司等的数据进行整合，重组内部外部资源禀赋、线上线下销售渠道、消费经营业务场景，将各类行为数据用于客户准入、反欺诈、贷后管理等风险评估中，运用大数据、云计算等新兴信息技术，打造开放式普惠金融服务生态体系，搭建合作平台，建立标准化服务体系，共享目标客户群体，实现各方优势互补，一站式为客户提供信息、资金、产品等多层次全覆盖的金融服务，有效弥补传统模式单一渠道覆盖不足的短板，提高获客、风控、资金、贷后等环节的运行效率，实现普惠金融运营成本、风险成本和资金成本"三降"，推动普惠金融真正实现既"普"又"惠"。

在数据积累方面，小微企业主大多缺乏足够的财务数据，但互联网平台的消费数据、保险公司的寿险缴纳和车险保单数据，及房产、汽车等个人资产信息能够在很大程度上佐证其风险意识、偿还能力、欺诈倾向，高频和低频数据、行为数据和金融数据相结合，能为服务决策提供极有价值的信息。

在服务渠道方面，平台类公司在线上拥有大量有小额、短频资金需求的客户，可以借助生态体系中商业银行等机构的物理网点，满足其线下实体网点的服务需求；同理，商业银行在经营场景中获得的小微和"三农"客户，可以借助生态体系中的互联网金融公司、金融科技公司等机构，满足客户多样化的线上金融需求。

在风控模型方面，金融科技公司凭借技术优势，积累了较多大数据风控经验，借助开放式普惠金融生态体系，可以为参与普惠金融的商业银行等其他金融机构提供风控支持。

建立更专业的分险机制

我国普惠金融市场存在较大的供需缺口，存在普惠群体迫切的金融需求与金融机构资源配置和专业能力不足的矛盾。要尽快改变这一现状，除了商业银行主动求变、加快数字化转型外，未来必须加快建立健全政府激励引导、保险机构深度参与的多层次、多类型的专业化分险机制，这也将是普惠金融服务实现风险分散、成本可控、多方受益的必由之路。

1. 政府机构激励引导。

政府和市场能否各自发挥应有的作用，通常关系到经济社会发展的成败。考虑到普惠金融兼具政策性和商业性的特点，在我国发展普惠金融必须坚持"政府引导、市场主导"的原则。政府机构除去引导金融机构坚持市场化原则开展普惠金融服务外，还要有针对性地采取有效的激励引导措施。

一是完善顶层规划。用好普惠金融发展工作协调机制，制定和完善普惠金融发展的重大政策措施和法律法规，建立健全普惠金融消费者权益保护制度体系，完善普惠金融消费者权益保护监管工作体系，完善各类普惠金融服务主体法律规范，形成系统性法律框架，明确普惠金融服务供给、需求主体的权利义务，确保普惠金融服务有法可依、有章可循。

二是加大补贴力度。普惠金融服务具有准公共属性，政府机构需要"重补贴、重激励"，给予小微企业专项金融债、定向降准、贷款利息收入免征增值税、再贷款再贴现、利息或本金补贴等政策支持，完善、用好公共财政支持的普惠金融发展专项资金，鼓励和引导金融机构更多地将新增信贷资源配置到小微企业和"三农"等重点领域和薄弱环节。

三是加大增信力度。更多更好地发挥政府风险补偿基金、政府融资担保机构、信用保证保险等增信作用和杠杆效应，支持和引导金融机构及社会资本助力普惠金融发展，解决商业银行在风险分担方面的后顾之忧和小微企业缺少有效抵质押担保的难题，将无增信场景下难以覆盖的普惠群体纳入服务体系。

四是加强权益保护。广泛利用电视广播、纸媒、数字媒体等渠道，多层面、广角度、深层次推进金融知识普及教育，加强与金融消费者权益有关的信息披露和风险提示，提高金融消费者维权意识和能力。在此基础上，持续加强金融消费者权益保护监督检查，及时查处侵害金融消费者合法权益行为，维护金融市场有序运行。

2. 保险机构深度参与。

近年来，保险业务实现快速发展，保险资金运用余额逐年大幅增长，保险密度和保险深度逐年递增，为经济社会持续健康发展提供了坚强支撑，成为服务普惠金融薄弱环节和重点领域的重要力量。未来，随着监管引导和市场需要，保险机构必将持续加大对农村保险服务网点的资金、人力和技术投入，推进保险信息共享平台与央行征信中心、百行征信等信息共享平台互联互通，农业保险、农村小额人身保险、信用保证保险等业务将会大幅增长，为推进普惠金融高质量发展贡献更大力量。其中，小微企业和农业经营主体金融服务将成为重要着力点和业务增长点（见图6-4和图6-5）。

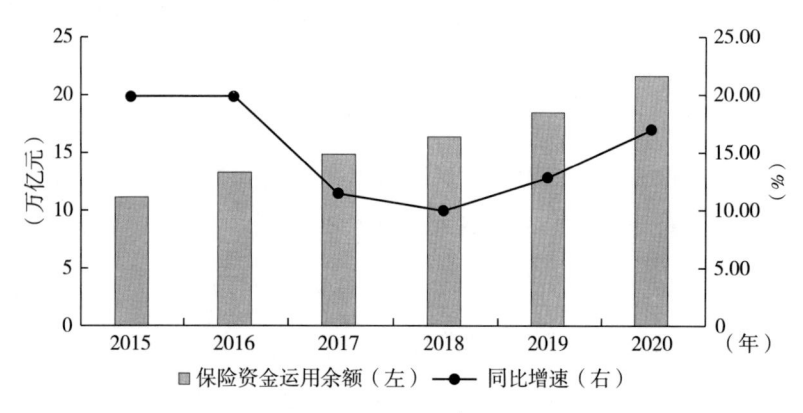

图6-4　2015—2020年我国保险资金运用情况

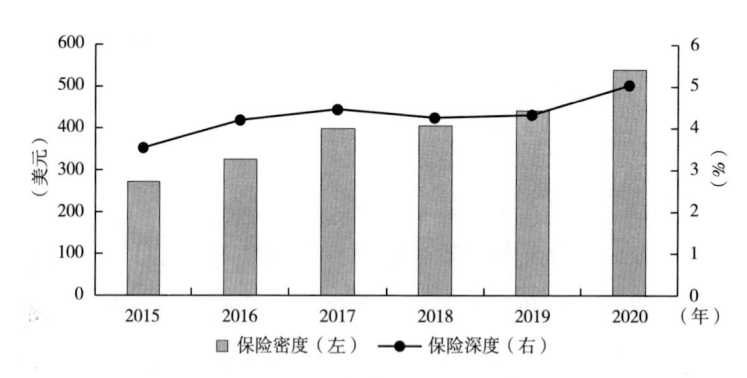

图6-5　2015—2020年我国的保险密度和保险深度

普惠之道

在小微企业金融服务方面，小微企业是经济增长、就业增加、科技创新、社会活跃的重要支撑，但融资难融资贵问题仍然未得到根本解决。保险机构充分发挥金融科技支撑作用和保险对小微企业增信作用，将汽车保险、农业保险、信用保证保险、企业财产保险等保单信息，用于银行贷前、贷中、贷后信用审核，风险识别与处置，对授信主体、抵押或风险标的进行风险精准识别、全过程智能化监控和精准预警，帮助银行识别出风险意识强、风险水平低的小微企业，为小微企业获得银行低息贷款提供支持。例如，人保财险江西分公司运用"保险增信""支农融资""保险保障""险资入赣"等多种方式支持普惠金融发展，提供"保险+"综合金融服务方案，帮助普惠金融客户获得资金9.07亿元。

在农业经营主体金融服务方面，农业经营主体缺乏信用评估数据和有效管理手段，导致过高的信贷成本，使得农村金融覆盖面窄、缺乏长期发展后劲。保险机构运用大数据、人工智能、区块链、物联网等技术手段，用保险数据补齐银行风控大数据，充分支持银行类金融机构对授信主体的信用风险刻画，通过农业保险+贷款保证保险+农村信贷等方式，促进农业保险与农村信贷的融合发展。例如，人保财险江西分公司首创省内"政融保""赣融保"支农融资业务新模式，累计投放7.99亿元，为涉农企业"稳就业、保生产"提供融资服务。

乡村振兴成为更加重要的前沿阵地

"郡县治，天下安。""三农"一直是我国经济改革的头等大事，中央1号文件连续18年持续关注"三农"问题，党中央、国务院明确把乡村振兴作为新时代"三农"工作的总抓手，把实施乡村振兴战略摆在优先位置。高质量服务乡村振兴成为新时代发展普惠金融的必然选择，势必要求健全与之适配的有高度适应性、竞争力、普惠性的现代金融体系。

普惠金融支持乡村振兴迎来新发展阶段

2020年年底，习近平总书记在中央农村工作会议上指出：民族要复兴，乡村必振兴。脱贫攻坚取得胜利后，要举全党全社会之力全面推进乡村振兴。金融服务乡村振兴工作随之进入新发展阶段，迎来新的机遇和挑战。

1. 三大机遇，蕴藏巨大业务潜力。

党中央、国务院陆续颁布《中共中央 国务院关于全面推进乡村振兴加快农业农村现代化的意见》（2021年中央1号文件）和《中华人民共和国乡村振兴促进法》等一系列重要文件，在国家和地方成立乡村振兴局，全面实施乡村振兴战略，为金融服务带来广阔的市场空间和重大的发展机遇。同时，监管机构陆续下发多项文件，从体制机制建设、政策资源倾斜及配套支持保障等方面给予一系列支持，充分激发商业银行服务乡村振兴的内生动力。

农业农村发展带来新机遇。农业生产和经营体系正发生深刻变革，农业生产专业化、标准化、规模化、集约化和多样化态势更加明显；农业农村基础设施建设日新月异，新型城镇化、数字乡村、道路交通、物流通信等工程加快实施，供水供电、教育卫生、清洁能源等服务持续升级；农民收入来源不断拓宽，衣食住行等生活质量需求日益提升。农业农村现代化进程不断加快，产生大量多样化的金融服务需求。

政策资源支持打造新环境。随着乡村振兴战略的实施，农村改革将进一步深化，城乡要素流动将进一步畅通，农村资源将进一步盘活，乡村振兴基金、涉农贷款财政奖励补助、农业信贷担保倍数放大等货币、财政政策不断完善，人才、资本和技术等各类资源回流农村，农村产权流转机制及平台逐步搭建，农村信用体系和信用环境大幅改善，都将为银行开展乡村振兴金融服务提供有利环境和有力支撑。

现代科技赋能提供新抓手。近年来，农业农村数字化步伐加快，互联网、大数据、移动支付、物联网等现代科技加速应用，为商业银行突破网点局限，进军县域和农村金融市场提供了可行性。例如，手机银行等移动金融服务的迅速普及，方便快捷地满足县域和农村地区支付结算、转账汇款等基础金融需求，大幅降低物理网点依赖和约束；依托大数据、云计算等技术开发的一系列全流程在线融资产品，将审批、签约、放款、还款等操作全部在线自助式操作和自动化处理，可有效提升对偏远地区客户金融服务的覆盖面。

2. 三大挑战，考验稳健发展能力。

全面建设社会主义现代化国家，实现中华民族伟大复兴，最艰巨最繁重的任务依然在农村，最广泛最深厚的基础依然在农村。目前，农业仍是弱势产业、农民仍是弱势群体、农村金融仍是金融体系中最薄弱环节的事实尚未改变。相较于城市业务，"三农"业务成本高、收益低、风险大等特征仍然在一定程度上存在。

基础设施尚不健全。农村金融生态环境有待改善，农村信用体系尚不完整，农村动产、不动产及知识产权抵押登记流转体系尚不健全，涉农贷款风险补偿机制尚不完善。由于基础设施建设滞后于城市地区，农村地区在一定程度上存在"数字鸿沟"等，比如尚未纳入征信系统的约4亿人口中，大多数集中在农村地区，受信息不对称等因素制约，金融机构存在畏贷和惜贷情绪。

部分业务较难介入。由于基础信息缺乏，银行目前难以对部分农村客户风险开展识别计量；部分项目如农村生态环境治理、乡风文明建设等多为公共产品或准公共产品，难以形成稳定的现金流，难以实现市场化运作，银行开展此类业务无法保证商业可持续。

服务升级压力较大。受制于历史及现实因素，相较于大型国有银行和农村信用合作社，股份制银行在乡村振兴领域起步晚、底子薄，难以在短时期内快速建立与农村金融高度匹配的组织架构体系，产品服务和风险防控机制亟待针对性优化升级。

普惠金融是支持乡村振兴的应有之义

我国是一个农业大国，城乡发展差距较大，农业基础设施落后，农村人口众多，农民人均收入偏低，2020年城乡人均可支配收入比达2.50∶1。由此可见，"三农"领域是普惠金融服务的重点领域，存在着普惠金融发展推广的广阔市场。

1. "三农"领域金融供给不足。

中华人民共和国成立70多年以来，我国持续进行农村金融改革，逐步形成由政策性、商业性、合作性金融机构组成，以农业银行、邮储银行、农商行、城商行等正规金融机构为主导的，结构类型较为丰富、覆盖范围较为广泛的农村金融体系，为农业、农村、农民的生产经营和日常消费提供了不可或缺的金融支持。截至2021年年末，我国涉农贷款余额43.21万亿元，同比增速11.83%，普惠型涉农贷款余额8.88万亿元，较年初增长17.48%，超过各项贷款增速6.19个百分点。然而，当前我国的"三农"金融服务在区域均衡和服务质效等方面还有较大差距。

首先，机构网点覆盖率低。自1998年起，国有银行考虑到成本等因素，陆续撤并农村网点，近年来才有所缓解。农村地区银行网点数量自2016年以来维持在12.6万个左右，平均每万人拥有数量1.39个，乡镇平均拥有网点3.98个，村均网点0.23个。与此同时，全国银行业金融机构网点数约为22.6万个，平均每万人拥有数量1.61个，远高于农村地区网点密度，从侧面反映了当前农村地区存在金融深度和金融宽度不足并存的状况。

其次，贷款占比逐年降低。近几年，我国农林牧渔业总产值连续增长，占GDP的比重保持在13%左右。与此同时，农村贷款余额也在逐年增长，但在全部金融机构贷款余额中的占比却在逐年下降，自 2015 年的 21.75% 下降至 2020 年的 18.09%，降幅超过 3 个百分点。同时，农户获取贷款比例偏低。2009 年我国农村中有 1/3 的人可以获得贷款，这一比例在 2016 年以后下降到了 1/4，农村地区特别是农户获取贷款的难度在增加，农村地区的金融排斥仍然较为严重。

2. "三农"领域金融需求迫切。

农业生产的机械化普及，农业劳动生产率的提升，正在逐步转变农业龙头企业、新型农业经营主体和农户生产经营方式，也由此带来"三农"领域客群对多样性、综合性金融服务的迫切需求。

一是新型经营主体带来新的金融需求。新型农业生产经营主体普遍采用企业经营管理方式，发展更加规范，是农业生产方式集约化和规模化的产物，将在更大规模上进行农业生产，对生产性金融需求势必增加，对金融服务的依赖性也更强，适用的金融工具、融资渠道也更加广泛。

二是农户规模化经营带来新的金融需求。近年来，随着农村经济的不断发展，城镇化、工业化的持续推进，农业劳动生产率提升，解放了大量农业人口，越来越多的农村人口转入城市，也带来了农业生产经营方式的转变。家庭联产承包责任制下原有的小农经营模式逐渐转变为家庭农场的规模化经营模式。家庭农场式经营带来的生产性金融需求远超过原小农经营，适应此类转变趋势的金融服务出现了新的市场空间。

三是新的金融需求增长趋势明显。在传统农村地区金融市场中，农村金融机构主要针对农户的生产性需求提供贷款支持，消费性信贷业务被排除在金融供给产品之外。在当前金融发展模式日新月异的时代，农村生活水平大幅提高，存在农户生活方式逐步向城镇居民化过渡的趋势，购房、教育、医疗等消费金融成为更为普遍的需求。在人口规模巨大的农村市场，消费性金融需求必将呈现出快速膨胀的发展趋势。同时，农户收入水平的提高带来了财富积累和金融意识、金融知识的提高，理财、基金、股票、保险等财富管理需求日益增加。

普惠金融支持乡村振兴的未来路径

近年来，国有银行、股份制银行、城商行、农商行等各类银行金融机构和互联网机构（如阿里巴巴、腾讯）结合自身优势，已开始尝试从行业龙头、农村基础设施、农业保险、农户小额贷款、支付等维度切入"三农"领域，并通过深耕乡村、金融创新等方式，满足农村居民多样化、多层次的金融需求。

一是全流程推动供应链金融。产业振兴是乡村振兴战略的重要任务，并且农业产业链是我国产业链供应链稳定循环和优化升级的"压舱石"。随着农业产业化发展，农业的产业链延长了，而产业链的各环节都需要获得资金支持，才能将整个产业带动起来。普惠金融要脱离传统农业季节性、短期的资金支持模式，转向满足供应链上层次多样、主体多元的金融服务。借助产业链供应链的信用传导和价值传导，向上下游的传统农户、新农民、家庭农场、龙头企业、农民合作社、小微企业等各类主体延伸，提供期限灵活、风险缓释手段丰富、差异化的贷款产品。近年来，浙江农信整合内外部多维数据，创新推广以农民专业合作社、农业龙头企业、第三方物流企业为核心的供应链金融服务模式。其创新推出的线上化供应链金融产品"链贷通"，在2020年年末实现服务核心企业115家、上下游小微企业2 017家，提供融资19.49亿元。

二是高标准推动绿色金融。良好的生态环境是农村的最大优势和宝贵财富，普惠金融应充分发挥农村金融主力军作用，撬动更多资源投向绿色经济重点领域。坚持绿色信贷理念，支持无公害农业种植、生态旅游等新型产业，围绕环保、生态、节能减排，支持农村地区生态园、林业经济和美丽乡村建设，带动乡村产业发展。同时积极支持农村基础设施建设，为参与农村水、路、电、信等领域基础设施建设的小微企业提供有针对性的金融产品支持。安吉农商银行创建"两山绿币"体系，用虚拟代币模式让践行低碳生活方式的客户获得绿色价值，引导乡村形成低碳自治的氛围，截至2020年年末已吸纳"绿粉"客户超15万户。

三是创新性支持新型客群。新型农业经营主体是乡村振兴战略的一个重要支点。新型农业经营主体既是实现农民当期就业，助力实现生活富裕的重要支点，也是助力农业生产发展，实现产业兴旺的重要支点。家庭农场、农民专业合作社和农业龙头企业等新型农业经营主体以及龙头企业的上下游小微企业广泛分布在农村地区，是实现金融"以点带面"助力乡村振兴的众多支点。普惠金融要围绕新型农业经营主体，结合其主体多元、需求多样的特点，有针对性地开展金融产品、利率、期限等创新，开展大型农业机械、土地承包经营权等抵质押担保方式创新，并结合各地区农业经营特色，创新金融服务方式，实现"创新一点、支持一片"的经营效果。

四是成体系深化基础金融服务。普惠金融要以服务实体经济、服务人民生活为本，成体系深化农村基础金融，实现基础金融服务覆盖到广大农村地区的各个角落，真正打通服务"最后一公里"。鼓励全国性银行金融机构在农村地区增设金融机构网点，广布电子机具等终端，为当地农户提供便捷的金融服务；有效利用互联网、大数据、电子支付等技术，在移动设备上让农户获得支付、结算、贷款、理财、保险等金融服务。同时，借助助农服务点、便民服务点、流动服务站等，开展相应的金融代理业务，帮助农户办理取款、贷款、转账等业务，借助服务点与服务站实现传统网点、电子终端等渠道的进一步延伸，使服务扩展到每一个乡村。鼓励农信社、农村合作银行、村镇银行等农村金融机构进一步扎根农村地区，发挥属地优势，提供相比于全国性商业银行的差异化服务，实现机构经营与乡村振兴战略同频共振。浙江农信与浙江省农业农村厅合作创新推出"无感授信、有感反馈、便捷用信"农户小额普惠贷款，依托手机银行 App 实现贷款全流程线上化，做到农户"一机在手、一呼而应、一点就通"。

▼ **专栏6-2** 中信银行构建服务乡村振兴新发展模式

全面实施乡村振兴战略，是以习近平同志为核心的党中央着眼中华民族伟大复兴战略全局做出的重大决策部署，顺应了时代潮流，回应了人民期盼，是新时代"三农"工作的总抓手。作为国有控股的股份制银行，金融服务乡村振兴是政治任务和社会责任，也是转型方向和发展机遇。中信银行坚决贯彻中央部署，认真落实监管要求，践行新发展理念，积极构建服务乡村振兴新发展模式。进入新发展阶段，中信银行在坚持新发展理念的基础上，注意结合自身实际，积极构建服务乡村振兴新发展模式，围绕"一个目标"，发挥"两大优势"，聚焦"三大重点"，持续提升乡村振兴金融服务能力和水平。截至 2021 年年末，涉农贷款余额 3 967.16 亿元，较年初增长 547.68 亿元，增速 16%，高于全行各项贷款平均增速（见图 6-6）。

发展方向	数字普惠	产品创新 系统升级 智能风控 科技赋能	开放生态	资源来源多元 获客渠道广泛 各项资源整合	乡村振兴	绿色金融 供应链金融 基础金融服务
三大机遇		农业农村发展		政策资源支持		现代科技赋能
三大挑战		基础设施不健全		部分业务难介入		服务升级压力大
发展模式		一个目标 打造乡村振兴领域特色化服务能力		两大优势 "党建+" "协同+"		三大重点 精准投放 县域支行 产品创新
发展理念		坚持创新发展	坚持协调发展	坚持绿色发展	坚持开放发展	坚持共享发展

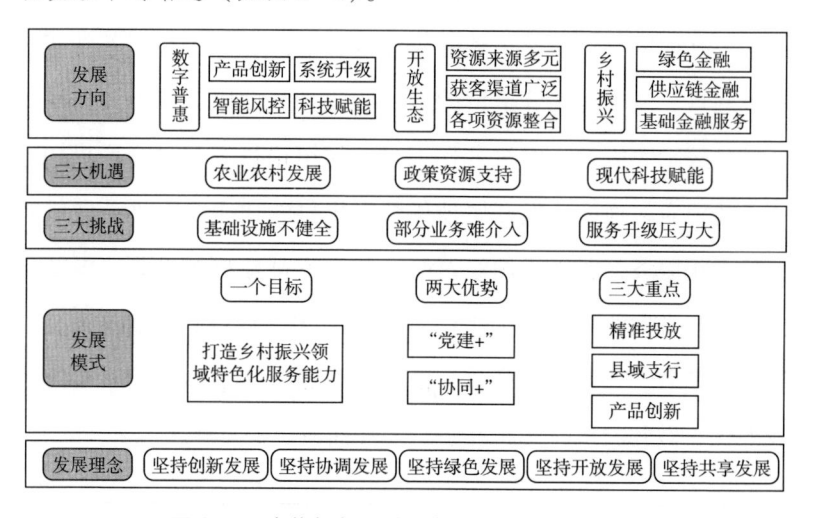

图 6-6　中信银行金融服务乡村振兴发展模式

紧盯"一个目标"

以"打造乡村振兴领域特色化服务能力"为目标，坚持"贯彻中央决策部署与银行发展相结合"和"社会效益与经济效益相统一",充分发挥"党建+"和"协同+"特色优势,强化产品服务创新,加大重点领域信贷支持,推动县域支行优先发展。

发挥"两大优势"

1. 发挥"党建+"优势,打造党建业务融合发展机制。

党委挂帅。将乡村振兴作为党建业务融合重要阵地,实行党委主抓、党委研究、党委督导,成立党委书记任组长的领导小组,统筹工作部署、强化督导落实。

党建共建。将乡村振兴金融服务作为与相关专业机构党建联合的研究课题,充分借力顶级专业智库优势,研究推动党建与业务融合发展。

督导落实。建立全方位、立体式牵头督导体系,通过政治监督专题会议、定期通报等方式,推进乡村振兴工作落实。

活动推动。广泛开展"普惠代言人"活动,将"党的工作做到基层",充分发挥基层党组织战斗堡垒和党员先锋模范作用,真正做到党建与业务"共建、共融、共强"。

2. 发挥"协同+"优势,打造中信综合金融服务品牌。

发挥中信集团协同优势,落实好协同工作机制,"产融协同"与"融融协同"相结合,为乡村振兴提供一揽子综合金融服务。

产融协同。全力支持集团子公司拓展乡村振兴领域优势业务,协同中信建设打造国内国际渔业产业发展平台;协同中信农业打造农业领域战略投资平台;协同中信云网等整合多维数据,加快构建农业农村大数据平台，加快打造农产品供应链电商平台，积极服务上下游小微企业，夯实基础客群，提升综合收益贡献。

融融协同。充分发挥集团全金融牌照优势，推动"中信联合舰队"设立乡村振兴产业基金，围绕乡村产业振兴、文化振兴、生态振兴等领域加大投资；协同中信证券、中信建投，发掘乡村振兴债券投承合作机会，支持乡村振兴领域高新技术企业孵化培育上市；协同中信保诚、中信期货，研究"保险+期货+信贷"业务模式拓展。

聚焦"三大重点"

1. 以精准投放为重点，放稳资产"压舱石"。

重点支持巩固拓展脱贫攻坚成果。在打赢脱贫攻坚战的过程中，中信银行带动服务贫困人口近 300 万人次，派驻驻村扶贫干部 144 人次，贡献了应有力量，在落实"四个不摘"的基础上，把脱贫地区、脱贫人口、国家乡村振兴重点帮扶县作为金融服务重点，研究制定针对性举措，巩固拓展脱贫攻坚成果同乡村振兴有效衔接。

重点支持粮食安全领域金融需求。确保重要农产品供给特别是粮食供给，是实施乡村振兴战略的首要任务。中信银行着力发展粮食生产、加工、流通、收储等产业链供应链金融，做好重点农产品稳产保供金融服务，加大农业规模化种植和集约化管理信贷投放，加强现代育种、智慧农业、农机装备等农业科技领域金融供给与创新，支持打好种业翻身仗，助力农业现代化。

重点支持农业农村基础设施建设。中信银行积极加大乡村建设信贷支持，增加绿色发展资金投入，通过优质金融服务和资金支持，加快补齐农业农村基础设施短板，助力改善农村生活环境，实现从"有"向"优"、由"少"到"多"的转变。

重点支持新型农村经营主体壮大。中信银行围绕农业产业化龙头企业，深挖产业链上农村新型经营主体融资需求，研究制订全产业链金融服务方案，加大中长期、信用贷和无还本续贷投放，制定精细化、差异化贷款期限和定价策略，打造适于新型农业经营主体需求的产业金融生态。

2. 以县域支行为重点，打造业务"主力军"。

县域经济是实施乡村振兴战略的主阵地、主战场，是城市经济和农村经济的连接点，是乡村社会稳定与发展的关键所在。中信银行立足"东、中、西"区域特色，强化"守土有责"意识，发挥县域支行服务乡村振兴主力军作用，着力构建适应县域支行发展的考核激励体系、政策保障体系、风险管理体系，精准提升县域支行经营水平；完善县域支行组织推动体系，锻炼培养专业化人才队伍；以双循环和数字化转型为契机，通过科技赋能延伸网点服务半径，在推动城乡要素、资源、产业深度融合中，不断增强服务县域经济发展的能力和水平。

3. 以产品创新为重点，抓紧服务"金钥匙"。

创新是引领发展的第一动力。中信银行探索建立乡村振兴产品"体验官"队伍，依托金融科技赋能，加大产品服务创新力度，搭建乡村振兴信贷产品体系，构建"线上+线下"相结合的综合金融服务新模式。

优化基础金融服务。一方面，优化基础金融业务功能，结合农业农村客户需求，优化账户开立、支付结算、投资理财等基础金融业务功能，积极发行乡村振兴主题卡，开发专项理财产品。另一方面，加快电子渠道建设。在农村地区加快手机银行等电子渠道建设推广，优化移动金融服务功能，丰富涉农应用场景，把电子渠道打造成乡村振兴综合金融服务平台。

优化信贷融资服务。打造服务乡村振兴产品体系，研发推广线上化、标准化、特色化融资产品，覆盖乡村振兴重点拓展领域，满足区域特色化发展需求。配合政府加快农村信用体系建设及政府性融资担保业务推广。整合内外部数据，建立乡村振兴核心数据库，开展农村客户精准画像、主动授信、应授尽授。拓展抵质押物范围，盘活三农"沉睡资产"，探索试点成熟地区"两权"等产权抵押，大型农机具等农业设施抵押及保单、仓单、知识产权质押。优化信贷审批流程，合理下放审批权限，完善智能风控平台，提高线上化风控能力，助力金融服务乡村振兴提质增效。

共同富裕成为更加光荣的历史使命

"治国之道，富民为始。"共同富裕是社会主义的本质要求，是中国式现代化的重要特征。习近平总书记在庆祝中国共产党成立100周年大会上强调，要"推动人的全面发展、全体人民共同富裕取得更为明显的实质性进展",吹响了我国奔向共同富裕新征程的号角。推进共同富裕是实现第二个"百年目标"的重要战略举措,更是普惠金融大有可为、未来可期的重大历史机遇。普惠金融作为金融支持共同富裕的第一方阵,势必要闻令即动、主动作为,坚定助力全体人民走向共同富裕。

助力共同富裕是普惠金融应有之义

当前,我国正在向第二个百年奋斗目标迈进,必须清醒认识到,在实现共同富裕的征程上,存在公共社会服务不平衡、城乡区域发展不均衡、收入分配差距较大等势必要攻克的难关。而普惠金融恰恰是立足机会平等和商业可持续原则,将广大低收入群体、弱势群体和社会发展的薄弱环节作为服务重点,以可负担成本提供适当、有效的金融服务,实现金融资源分配均衡,缩小贫富、区域差距,推动经济社会和谐发展的金融体系。发展普惠金融和推动共同富裕的重点对象、重点区域和重点目标是高度一致的,因此大力发展普惠金融成为扎实推动共同富裕的关键抓手。

一是重点对象一致。共同富裕不是一部分人的富裕,而是全民富裕,一个都不能少,这与普惠金融"以人民为中心"的发展思想高度一致。普惠金融的重点服务对象是小微企业、农民、城镇低收入人群、贫困人群和残疾人、老年人等特殊群体,与实现共同富裕的重点难点群体高度一致。

二是重点区域一致。促进共同富裕,最艰巨最繁重的任务仍然在农村。随着我国人均 GDP 连续两年突破 1 万美元,常住人口城镇化率超过63%，我国社会的主要矛盾中城乡区域发展不平衡的问题越来越突出。"三农"问题就成为实现共同富裕必然要面对的难题，而推动农村地区跨越式发展也就成为推进共同富裕的必然选择。随着乡村振兴战略的实施，农村地区孕育着普惠金融的广阔市场，也是普惠金融的必争之地。农村地区无疑成为普惠金融和推进共同富裕的共同区域，是普惠金融助力共同富裕的重要领域。

三是重点目标契合。金融是现代经济的"血液"，金融服务是基本社会服务中极为重要的一项，而实现金融服务普及、机会均等就成为实现共同富裕的重要目标之一，这与普惠金融的目标是天然契合的。普惠金融就是要立足机会平等，为有需求的社会各群体提供适当的金融服务，特别是为广大低收入群体创造享有金融服务的平等机会，增强弱势群体"造血"功能，帮助其摆脱"贫穷循环"，推动更多低收入群体进入中等收入行业，实现共同富裕。

推动共同富裕普惠金融大有可为

实现共同富裕是世界性难题。我国实现共同富裕有哪些有效路径、可行方案、改革措施，仍需要在前进中不断研究摸索。自2005年普惠金融概念提出，我国普惠金融发展取得了举世瞩目的成绩，特别是在普及基础金融服务、拓展综合金融支持等方面积累了丰富的发展经验。这些经验对扎实推动共同富裕而言，具有重要的借鉴意义。

1. 大力普及基础金融服务。

金融强，经济兴。助力共同富裕首先要实现基础金融服务的普及，避免"最后一公里"问题。传统金融服务过多依赖于物理网点，传统信贷产品过多依赖抵质押等增信，限制了支付、结算、存款、贷款等基础金融服务的普及。尽管普惠金融的发展在一定程度上缓解了基础服务覆盖面不广的问题，但与实现共同富裕的目标相比，基础金融服务仍需要进一步普及。

一是进一步发挥数字普惠优势。"数字＋普惠金融"的组合具有降低金融交易门槛、缓解信息不对称、拓宽金融服务渠道的显著优势，可借助金融科技创新储蓄、信贷和支付手段，扩大广大群众，特别是市场中的"长尾客户"对基础金融资源的可得性和便利度。

二是进一步拓展金融产品创新。利用金融产品创新，缓解信息不对称问题，脱离传统金融对抵质押增信的依赖困境，实现向低收入群体、弱势群体下沉服务，向小微企业、"三农"等领域拓展服务。

2. 大力拓展综合金融服务。

扎实推动共同富裕不仅需要在基础金融服务支持下的广大群众自身勤劳创新致富，也需要增加居民财产性收入、用好保险托底功能等多方位支持保障。普惠金融在缓解"支付难""融资难"问题上取得显著成效，但在解决"投资难""保险难"等综合金融服务难题上仍需更多作为。

普惠金融要顺应居民收入水平提升趋势，拓展综合理财服务，为广大群众提供更多金融理财、投资工具，助力其财富管理，提高其财产性收入比重，改善收入分配。普惠金融要用好保险托底作用，拓展多领域保险服务，在农业生产、医疗养老等领域提供风险分担、底线保障功能，避免因灾、因病、因老等致贫效应，发挥好保险在社会财富再分配方面的积极作用。

专栏6-3 中信银行发展普惠金融推动共同富裕

扎实推动共同富裕，是党中央践行以人民为中心的发展理念，着力解决发展不平衡不充分问题、更好地满足人民日益增长的美好生活需要的重大战略安排，是涉及各行各业、千家万户的重大举措。作为国有控股的股份制银行，中信银行坚决贯彻党中央部署，深入推动普惠金融发展，积极构建信用平台生态，拓展服务范围，宣传普及金融知识，切实提高普惠金融服务获得感和满足感，以优质的综合金融服务扎实推动共同富裕。

构建信用平台生态，让数字赋能普惠金融

广大小微企业、农民、城镇低收入人群等普惠群体难以被传统金融所覆盖的难点，主要在于信息不对称。中信银行借助金融科技和大数据技术，在对内互联、对外互通两个方向上发力，搭建了一个主体多元化、数据共享的信用平台生态，有效缓解了小微企业等群体的信息不对称难题，将普惠金融服务推广到更广泛的客户群体，助力其创新致富、提高收入。

一是在对内互联方面，中信银行依托中信集团金融和实业并举优势，与集团内子公司加强融融协同和产融协同的同时，行内持续加强公私联动、私公联动和系统互联，协同为小微企业提供一揽子综合金融服务。

二是在对外互通方面，中信银行积极与政府部门、科技公司、核心企业、大型平台等机构在场景对接、数据共享方面开展跨界合作，以工商、司法、征信等公共大数据和客户在银行存款、贷款、理财、结算等内部数据为基础，以税收、海关、水电煤气、经销采购的经营数据为核心，搭建覆盖贷前、贷中、贷后的智能化风控平台，实现客户画像精准分层、授信方案精准匹配和贷后管理精准发力。

持续拓展"首贷户"，扩大金融服务覆盖面

小微企业是保民生、保就业、保收入的关键，是"创富于民"的重要依托，是广大群众创造财富、实现富裕的重要载体。然而，目前仍有70%左右的小微企业是征信白户。中信银行通过产品创新、政策支持、链式营销和多方合作，不断拓展首贷户，探索扩大金融服务覆盖面的"中信解法"。

一是产品拉动。借助金融科技和大数据，创新优化"政采e贷、经销e贷、订单e贷、关税e贷、物流e贷"线上化纯信用产品，将众多"有数据、无抵押"的小微企业纳入信贷支持范围。

二是政策驱动。将首贷户指标纳入分行综合绩效考核，引导分行集中资源着力攻坚。

三是链式推动。围绕产业链和供应链，基于主企业信用和小微企业真实融资场景，主动向产业链供应链上下游延伸扩展，精准定位拓展上下游小微企业首贷户。

四是合作带动。积极开展银商合作、银担合作、银保合作和银税互动，集中发挥各自优势，合作研发信用贷款、履约保证保险等创新产品，合力开发首贷户，进一步拓展对小微企业的覆盖范围。

宣传普及金融知识，让"头脑"跟着富起来

扎实推动共同富裕，一个重要方面就是既要"富口袋"也要"富脑袋"。既要"授人以鱼"，也要"授人以渔"，普惠金融不仅要"普"产品和服务，也要"普"金融知识，让"头脑"跟着富起来。中信银行积极开展消费者权益保护和金融知识普及教育，通过"以案说险"等形式，对信息保护、非法集资、电信诈骗、支付安全、理性消费、合理投资等常见案例进行解释说明，丰富客户金融知识，提升客户认知能力，培养客户金融素养。另外，针对老年人金融服务中存在的"数字鸿沟"问题，中信银行与中国老龄协会、中国老年大学协会合作出版《老年金融知识读本》，配合制作老年金融通识课程，涵盖消费用钱、投资理财、财富传承、资金安全等内容，帮助更多老年客户守护财富。2020年，在国家级奖项全国"敬老文明号"评选中，中信银行广州分行、成都分行、天津分行海河支行、重庆分行鲁能星城支行四家机构荣获全国"敬老文明号"称号，成为获评单位最多的金融机构之一。

党建工作成为更加坚强的融合力量

新时代要有新气象，更要有新作为，普惠金融发展也应探索新思维和新模式，注入新活力。近年来，银行业金融机构在全面加强自身党建基础上，与政府机构、核心企业等合作单位广泛开展党建联建共建，突破传统模式下难以打破的合作壁垒，调动基层党支部发挥战斗堡垒作用，激发党员发挥先锋模范作用，引导基层党组织、党员把普惠金融做到"田间地头""农家炕头""工厂车间"，真真正正为小微企业、农民、低收入人群等普惠金融重点服务对象送去宝贵的金融"活水"，取得较为显著的工作成效。

近年来，中信银行坚持"党建做实了就是生产力，做强了就是竞争力，做细了就是凝聚力"的理念，自主研发上线全面从严治党信息化平台，上线7个模块、10个工作流和75个栏目，开发指挥中心、导航中心、体检中心等"学、管、考、评、宣"五大功能，打造看得见、有链接、可量化的党建和指尖上的党建。与此同时，中信银行坚持党建和业务同谋划、同部署、同推进、同考核，积极探索党建工作新思路、新举措，通过党建创新为业务发展提供新模式、新架构和新动能，充分发挥支部的战斗堡垒作用，激励基层为普惠客群提供更优质、更贴心的金融服务，形成中信特色的"党建+"发展新模式，在做好"六稳"工作、落实"六保"任务中传递了中信温度，服务国家战略和经济社会发展。

中信银行坚持"忠于党、立于信、化于心、融于行、惠于民"的宗旨，将党建与业务深度融合、党员与群众紧密相连，用心做党建，用情惠民生，打造新时代"党建＋"新模式。该模式可以用"一二三四五六七"概括，即以习近平新时代中国特色社会主义思想为"一个指引"，坚持全面从严治党、全面从严治行"两条主线"，按照"党建任务指标化""一岗双责清单化""党务工作流程化"的"三化标准"推动党建工作管理科学化，以"共建、共享、共融、共强"为理念打造"四强"党组织，坚定"抓实、抓牢、抓强、抓好、抓严"基层党组织的"五大建设"，在产品、科技、文化等多个领域积极探索"党费通""党建信息化平台""金运模式""徐州模式""信银党建""信银文化"的特色党建"六项方案"，打造"党建＋普惠""党建＋对公""党建＋零售""党建＋金融市场""党建＋合规""党建＋扶贫""党建＋文化"的"七支联队"。其中，"金运模式"就是一个典型示范和直观缩影。

2019年"不忘初心、牢记使命"主题教育期间，中信银行总行党委利用基层联系点方式，用3个月时间深扎北京分行金运大厦支行党支部，召开支委会、现场指导、列席观摩，形成打通基层党建"最后一公里"可复制推广的"金运模式"，打造"四力两融合"支部工作法。即用好总分行党委的"穿透力"提升政治站位，用好支部的"组织力"提升工作成效，用好党员的"战斗力"提升整体能力，用好群众的"向心力"提升发展潜力。做到"两融合"，即党支部建设与业务发展相融合、党员和群众相融合。在"四力两融合"支部工作法的带动下，中信银行各级基层党组织实现理论学习常态化、联系群众得人心、议事决策有章法、攻坚克难有突破，取得了显著成效，并成功入选中央和国家机关工委优秀支部工作法。

也正是依靠"金运模式"这把"金钥匙"，金运大厦支行走上普惠金融等各类业务发展的"快车道"，切实为基层支部党建业务融合发展提供了"实用样板"。

金运大厦支行地处北京市海淀区北太平庄街道，街道辖区内有37个社区，多个楼宇商圈集聚，是人口较为密集、中小企业较多的街道。在总行党委的指导下，金运大厦支行党支部与北太平庄街道党工委取得联系，街道党工委协助支行党支部和枫蓝楼宇工作站党委开展携手服务辖区中小微企业工作。在楼宇工作站的帮助下，支行以"普惠中信红"为主题，以"党建"+"好方案、好手册、好先锋、好代言、好活动、好微课、好故事、好视频、好项目、好点子"的"普惠中信红10+"建设为抓手，走访50多家中小微企业，收集小微企业在金融服务中的痛点、难点问题，为辖区30多个中小企业党支部、200多名党员讲授专题党课，探索党建与普惠融合发展新模式，以高质量党建推动普惠金融高质量融合发展。主要成效体现在五个方面：

一是"创新"。在"金运模式"的基础上联系实际，在党的理论学习形式和频率、联系群众方式、业务融合机制等方面进行升级。

二是"扎实"。严格执行"以理论学习为纲，以业务融合为本，以联系群众为基，以民主决策为要"四个标准动作，积极搭建实施普惠金融战略的"党建+"平台，以党建进街道、进楼宇、进社区等方式获取客户。

三是"统一"。以联系群众为基，通过加强党建来统一员工思想，带动广大干部员工思想端正、行为规范。

四是"合力"。通过加强自身党的建设形成干事创业的合力，破解"思想信不信、方法会不会、效果实不实、质量高不高"的基层党建难题，支部战斗堡垒作用和党员先锋模范作用被充分激发调动起来，形成"党员带头、群众紧跟"的良好氛围，人人争当发展普惠金融的排头兵。

五是"效果"。支部在支部自身建设、党员身份意识、干群关系、党建与业务"两张皮"等六个方面发生明显转变，以实实在在的业绩凸显党建与经营融合的成效。在金运模式引领下，普惠金融等业务实现快速发展。不到1年时间，支行就累计为85家企业发放普惠金融贷款3.98亿元。这其中，支部党员累计放款2.86亿元，占比达72%。

总结中信银行"党建+普惠"工作开展的经验，主要可以归结为五条：一是坚持党要管党、从严治党，始终践行国有金融企业的初心使命；二是坚持学以致用、知行合一，始终以习近平新时代中国特色社会主义思想为指导，听党话、跟党走；三是坚持抓基层、打基础，始终围绕强本固基、打通党建"最后一公里"，推动基层党组织全面过硬；四是坚持守土负责、守土尽责，始终紧抓"关键少数"，全面落实党建工作责任制；五是坚持立足实际、开拓创新，始终做到与时俱进，不断提高党建工作影响力和推动力。

当前，普惠金融正处在转变方式、优化结构、转换动力的关键时期，党建工作与业务发展如同"车之双轮""鸟之双翼"，两者相互影响、相互促进。中信银行的实践也佐证了"党建＋普惠"融合发展的力量。

党建＋普惠，我们正走在大路上。展望未来，豪情满怀。相信在党中央的坚强领导下，在人民银行、银保监会等监管部门的政策引导下，在银行业、非银行业金融机构的共同努力下，在社会各界的关心支持下，我国的普惠金融发展必将迎来更加光明、美好的未来，为扎实推动共同富裕贡献更多、更好的金融力量。

附录

近年来普惠金融政策汇总

政策	实施时间	政策解析
银监会和人民银行《关于小额贷款公司试点的指导意见》	2008-5-4	将小额贷款公司试点扩大到全国，同时明确了试点政策框架
银监会《关于银行建立小企业金融服务专营机构的指导意见》	2008-12-1	引导金融机构改进小企业金融服务
银监会、科技部《关于进一步加大对科技型中小企业信贷支持的指导意见》	2009-5-5	进一步加大对科技型中小企业信贷支持；完善科技部门、银行业监管部门合作机制，加强科资源和金融资源的结合；建立和完善科技型企业融资担保体系；整合科技资源，营造加大对科技型中小企业信贷支持的有利环境；明确和完善银行对科技型中小企业信贷支持的有关政策；创新科技金融合作模式，开展科技部门与银行之间的科技金融合作模式创新试点；建立银行业支持科技型中小企业的长效机制
银监会、全国总工会《关于开展工会创业小额贷款试点工作的通知》	2009-10-10	在黑龙江、辽宁、河北、山东、河南、四川、江苏、湖北、广东9个省的20个城市开展工会创业小额贷款试点工作

(续表)

政策	实施时间	政策解析
国务院《关于鼓励和引导民间投资健康发展的若干意见》	2010-5-7	落实中小企业贷款税前全额拨备损失准备金政策，简化中小金融机构呆账核销审核程序。适当放宽小额贷款公司单一投资者持股比例限制，对小额贷款公司的涉农业务实行与村镇银行同等的财政补贴政策
工业和信息化部、国家统计局、发改委、财政部《关于印发中小企业划型标准规定的通知》	2011-6-18	根据企业从业人员、营业收入、资产总额等指标，结合行业特点，将中小企业划分为中型、小型、微型三类
国务院常务会议"国九条：支持小型和微型企业发展的金融财税政策措施"	2011-10-12	保证小企业贷款增速要高于贷款平均增速
银监会《关于支持商业银行进一步改进小型微型企业金融服务的补充通知》	2011-10-24	将银行小微企业的信贷开展情况直接与其机构扩张挂钩，允许商业银行发行专项用于小微企业贷款的金融债
银监会《关于鼓励和引导民间资本进入银行业的实施意见》	2012-5-26	支持民营企业参与村镇银行发起设立或增资扩股。村镇银行主发起行的最低持股比例由20%降低为15%
银监会《农户贷款管理办法》	2013-1-1	农村金融机构应当坚持服务"三农"市场定位，积极发展农户贷款业务，制定农户贷款发展战略，创新产品，建立专门的风险管理与考核激励机制，加大营销力度，提高农户贷款的可得性、便利性和安全性

(续表)

政策	实施时间	政策解析
银监会《关于做好2013年农村金融服务工作的通知》	2013-2-16	积极推进涉农银行业金融机构体制机制改革，大力支持新型农业生产经营组织发展，积极稳妥做好城镇化建设配套金融服务，完善城镇化社区金融服务功能，加快提高薄弱地区金融服务水平，深入推进"金融服务进村入社区"、"阳光信贷"和"富民惠农金融创新"三大工程，切实加强涉农信贷风险管控，保持涉农贷款增速不低于各项贷款平均增速
银监会《关于深化小微企业金融服务的意见》	2013-3-21	进一步强化小微企业金融服务"六项机制"建设，加大小微企业支持力度，完善多层次小微企业金融服务体系，加大专营机构建设、管理和资源配置力度，创新小微企业金融产品和服务方式，提高小微企业金融服务水平，有序开展专项金融债申报工作，推进资产证券化业务试点，符合条件的小微企业贷款适用75%的风险权重，建立科学合理的风险定价机制，完善信贷风险管理体系，推动完善多层次、多领域、差别化的融资性担保体系并加强规范合作，配合有关部门进一步改善外部生态环境
国务院《关于金融支持小微企业发展的实施意见》	2013-8-8	加快丰富和创新小微企业金融服务方式，着力强化对小微企业的增信服务和信息服务，积极发展小型金融机构，大力拓展小微企业直接融资渠道，切实降低小微企业融资成本，加大对小微企业金融服务的政策支持力度，全面营造良好的小微金融发展环境，确保实现小微企业贷款增速和增量"两个不低于"的目标
银监会《关于进一步做好小微企业金融服务工作的指导意见》	2013-8-29	坚持商业可持续原则，深入落实"六项机制"，强化正向激励，丰富和创新服务方式，推进网点和渠道建设，规范服务收费，提高不良贷款容忍度，制定尽职免责办法，做好小微企业金融服务宣传工作

(续表)

政策	实施时间	政策解析
人民银行、科技部、银监会、证监会、保监会、知识产权局《关于大力推进体制机制创新 扎实做好科技金融服务的意见》	2014-1-7	对小微科技企业票据优先再贴现；支持符合条件的银行发行金融债专项用于支持小微科技企业发展，加强对小微科技企业的金融服务
银监会《关于做好2014年农村金融服务工作的通知》	2014-2-28	强化服务"三农"责任，保持涉农信贷投放总量持续增长；稳定大中型银行县域网点，加大对县域经济的支持力度；增强农村中小金融机构支农服务功能，更好发挥支农服务主力军作用；着力加大对新型农业经营主体的支持力度，促进提高农业规模化集约化经营水平；突出对农田水利、农业科技和现代种业的金融支持，保障国家粮食和主要农产品生产安全；深入推进"三大工程"，打造支农服务特色品牌；坚持试点先行，慎重稳妥开展"三权"抵押融资；加强监管能力建设，强化农村金融差异化监管
银监会《关于2014年小微企业金融服务工作的指导意见》	2014-3-14	坚持服务小微企业、支持实体经济的总体要求，打造小微企业金融服务升级版；单列信贷计划，确保实现"两个不低于"目标；扩大小微企业金融服务覆盖面，完善监测指标体系；坚持正向激励导向，落实小微金融差异化监管政策；增加小微企业金融服务的机构和网点供给，进一步提升小微企业金融服务便捷性；坚持以客户为中心的经营理念，不断丰富和创新小微企业金融产品和服务；加强风险防范，管控好小微金融的整体风险；强化信息服务体系建设，搭建小微企业融资服务平台；加强宣传引导，营造良好的社会舆论氛围；强化增信服务体系建设，促进形成小微金融风险分担新机制；开展工作督查，督促小微金融各项政策落地

(续表)

政策	实施时间	政策解析
银监会《关于调整商业银行存贷比计算口径的通知》	2014-7-1	计算存贷比分子（贷款）时，将"小微企业专项金融债所对应的小微企业贷款"扣除
银监会《关于完善和创新小微企业贷款服务 提高小微企业金融服务水平的通知》	2014-7-23	合理确定小微企业流动资金贷款期限，丰富完善小微企业流动资金贷款产品，积极创新小微企业流动资金贷款服务模式，科学准确进行贷款风险分类，切实做好小微企业贷款风险管理，不断提升小微金融服务技术水平
国务院《关于扶持小型微型企业健康发展的意见》	2014-11-20	充分发挥现有中小企业专项资金的引导作用，认真落实已经出台的支持小型微型企业税收优惠政策，加大中小企业专项资金对小企业创业基地建设的支持力度，对小型微型企业吸纳就业困难人员就业的给予社会保险补贴，进一步完善小型微型企业融资担保政策，加大小型微型企业金融服务专营机构建设力度，建立支持小型微型企业发展的信息互联互通机制，大力推进小型微型企业公共服务平台建设
银监会《关于做好2015年农村金融服务工作的通知》	2015-2-16	在有效提高贷款增量的基础上，努力实现涉农贷款增速高于全部贷款平均水平；深入推进涉农银行业金融机构体制机制改革；丰富农村金融服务主体；大力发展农村普惠金融；围绕建设现代农业加强金融支持；推动业务产品创新；强化差异化监管
银监会《关于2015年小微企业金融服务工作的指导意见》	2015-3-3	明确工作目标，努力实现"三个不低于"；单列信贷计划，优化信贷结构；加强机构建设，扩大网点覆盖面；落实尽职免责，调动工作积极性；改进考核机制，激发内生动力；加大金融创新，提升服务能力；规范服务收费，切实降低融资成本；严守风险底线，抓好风险防控；强化监管激励约束，确保政策落实；加强多方联动，优化服务环境

(续表)

政策	实施时间	政策解析
银监会《关于银行业进一步做好服务实体经济发展工作的指导意见》	2015-5-27	发展普惠金融,加大薄弱领域支持力度。一是全面贯彻落实国务院支持小微企业和"三农"发展的各项政策措施,鼓励商业银行在小微企业集群地区设立小微专营支行,推动信贷资源继续向小微企业、"三农"倾斜。努力实现小微企业贷款"三个不低于"的目标;努力实现涉农贷款增速高于各项贷款平均增速 二是制定普惠金融发展规划 三是创新金融服务方式和手段,拓展抵押品范围,有效解决小微企业尤其是涉农、科技型企业传统抵押物不足的问题,探索大银行向中小银行提供批发贷款支持小微企业和"三农"发展
银监会《关于进一步落实小微企业金融服务监管政策的通知》	2015-6-24	明确支持重点,加大信贷投放;推进贷款服务创新,扩大自主续贷范围;完善不良贷款容忍度指标,突出差异化考核;优化内部资源配置,提升服务能力;严格执行"两禁两限",规范服务收费;建立履职回避制度,开展排查整改
人民银行等十部委《关于促进互联网金融健康发展的指导意见》	2015-7-18	按照"依法监管、适度监管、分类监管、协同监管、创新监管"的原则,确立互联网支付、网络借贷、股权众筹融资、互联网基金销售、互联网保险、互联网信托和互联网消费金融等互联网金融主要业态的监管职责分工,落实监管责任,明确业务边界
国家税务总局、银监会《关于开展"银税互动"助力小微企业发展活动的通知》	2015-7-30	建立银税合作机制,充分运用纳税信用评价结果优化小微企业金融服务

(续表)

政策	实施时间	政策解析
国务院《关于促进融资担保行业加快发展的意见》	2015-8-7	大力发展政府支持的融资担保机构,作为服务小微企业和"三农"主力军;加快再担保机构发展;建立政银担三方共同参与的合作模式
国务院《关于印发推进普惠金融发展规划(2016—2020年)的通知》	2015-12-31	大力发展普惠金融,让所有市场主体都能分享金融服务的雨露甘霖,提高金融服务的覆盖率、可得性和满意度,增强所有市场主体和广大人民群众对金融服务的获得感
银监会《关于2016年推进普惠金融发展工作的指导意见》	2016-2-6	紧紧围绕创新、协调、绿色、开放、共享五大发展理念,增加普惠金融服务和产品供给,明显改善薄弱领域的金融服务水平。确保小微企业贷款投放稳步增长,扩大小微企业金融服务覆盖面,提高贷款可获得性,力争实现小微企业贷款"三个不低于"目标;努力实现涉农信贷投放持续增长,进一步提高乡镇网点和行政村基础金融服务覆盖率;增加建档立卡贫困户信贷投入,提高建档立卡贫困户扶贫小额信贷覆盖率
银监会《关于做好2016年农村金融服务工作的通知》	2016-2-22	深化农村信用社改革,加大对三农的金融资源配置,丰富金融服务主体,推进农村产业融合发展,实施金融精准扶贫,深入推进基础金融服务全覆盖,大力推进农村金融产品和服务创新,加强涉农信贷风险管控,努力实现涉农信贷投放持续增长
银监会《关于2016年进一步提升银行业服务实体经济质效工作的意见》	2016-2-25	进一步改进小微企业金融服务;持续提升"三农"金融服务水平;积极开展金融扶贫行动;进一步清理规范银行业服务收费

(续表)

政策	实施时间	政策解析
银监会《关于进一步加强商业银行小微企业授信尽职免责工作的通知》	2016-12-30	加强商业银行小微企业授信尽职免责工作，厘清尽职认定标准，明确免责情形与问责要求，规范尽职免责工作流程，抓好细化落实和监管督导
银监会《关于做好2017年小微企业金融服务工作的通知》	2017-3-20	努力实现"三个不低于"目标；完善机构体系，下沉服务重心；创新服务模式，提升服务效率；积极落实续贷政策，改进贷款管理；丰富信贷资产流转方式，整合信贷资源；提高不良容忍度，拓宽不良资产处置渠道；明确监管督导考核责任，加强检查整改
银监会《关于提升银行业服务实体经济质效的指导意见》	2017-4-7	持续深化普惠金融机制改革，完善配套流程和考核机制，提高覆盖率、可得性和满意度。持续提升小微企业金融服务水平；继续细化落实续贷和授信尽职免责制度；进一步推广"银税互动""银商合作""双基联动"等服务模式和动产抵（质）押融资等业务；合理确定贷款期限
银监会《关于印发提高小微企业信贷服务效率合理压缩获得信贷时间实施方案的通知》	2017-5-4	增加小微企业信息采集方式和渠道，改进小微企业信贷管理制度和信用评价模型，优化信贷审批流程，提升信贷服务效率，加强小微企业信贷产品创新、服务创新和渠道创新，提升小微企业信贷服务质量
银监会、发改委、工业和信息化部等《关于印发大中型商业银行设立普惠金融事业部实施方案的通知》	2017-5-25	推动大中型商业银行设立普惠金融事业部，提高金融服务覆盖率和可得性，有效支持实体经济

(续表)

政策	实施时间	政策解析
《中国人民银行关于对普惠金融实施定向降准的通知》	2017-9-30	降准对象从中小银行扩展到大多数商业银行普惠金融领域，降准分为两档：第一档：上一年普惠金融贷款余额或增量占比达到1.5%的商业银行，存款准备金率可在人民银行公布的基准档基础上下调0.5个百分点；第二档：上一年普惠金融贷款余额或增量占比达到10%的商业银行，存款准备金率可按累进原则在第一档基础上再下调1个百分点
中华人民共和国主席令（第七十四号）发布修订后的《中华人民共和国中小企业促进法》	2018-1-1	从财税支持、融资促进、创业扶持、创新支持、市场开拓、服务措施、权益保护、监督检查等方面，改善中小企业经营环境，保障中小企业公平参与市场竞争，维护中小企业合法权益，支持中小企业创业创新，促进中小企业健康发展
银监会《关于2018年推动银行业小微企业金融服务高质量发展的通知》	2018-2-11	分类实施考核，兼顾总量增长和结构优化；合理控制小微企业贷款资产质量和综合成本，提升服务水平；完善机构体系，强化市场定位；优化信贷技术和流程，提升服务效率；加大续贷支持力度，改进贷款支付方式；落实尽职免责制度，用好用足各项扶持政策；主动开展信息披露，加强外部联动与经验推广
国务院决定设立5 000亿元人民币国家融资担保基金	2018-3-28	由中央财政发起，联合有意愿的金融机构设计担保基金，预计今后三年基金累计可支持担保贷款5 000亿元人民币
银保监会、发改委、工业和信息化部、财政部、农业农村部、人民银行、市场监管总局《关于印发〈融资担保公司监督管理条例〉四项配套制度的通知》	2018-4-2	规范监督管理部门对融资担保业务经营许可证的管理，促进融资担保公司依法经营，准确计量融资担保责任余额，确保融资担保公司保持充足代偿能力，规范银行业金融机构与融资担保公司业务合作行为

(续表)

政策	实施时间	政策解析
央行定向降准一个百分点，释放4 000亿元人民币流动性投向小微企业	2018-4-25	降准1个百分点，释放流动资金4 000亿元人民币，一部分偿还央行中期借贷便利（MLF），剩余资金按照央行要求投向小微企业贷款，并适当降低小微企业融资成本
国务院再推出7项减税政策	2018-4-25	支持银行制订专门的普惠信贷计划、安排专项激励费用、细化尽职免责办法，探索小微企业中长期固定资产贷款、新型农业经营主体设施抵押贷款、扶贫金融等产品创新；部署对银行普惠金融服务实施监管考核，确保2018年实体经济融资成本下降；降低创业创新成本、增强小微企业发展动力、促进扩大就业
国务院部署进一步缓解小微企业融资难措施	2018-6-20	一是增加小微企业和"三农"再贷款、再贴现额度，下调"支小"再贷款利率二是从2018年9月1日至2020年年底，将符合条件的小微企业和个体工商户贷款利息收入免征增值税，单户授信额度上限由100万元人民币提高到500万元人民币三是禁止向小微企业贷款收取承诺费、资金管理费，减少融资附加费用四是支持银行开拓小微企业市场，运用定向降准等货币政策工具，增强小微信贷供给能力，加快已签约债转股项目落地。鼓励未设立普惠金融事业部的银行增设社区、小微支行
人民银行降准0.5个百分点，释放2 000亿元人民币流动资金，支持小微企业	2018-6-24	下调邮政储蓄银行、城市商业银行、非县域农村商业银行、外资银行人民币存款准备金率0.5个百分点，释放资金约2 000亿元人民币，主要用于支持相关银行开拓小微企业市场

(续表)

政策	实施时间	政策解析
人民银行、银保监会、证监会、发改委、财政部《关于进一步深化小微企业金融服务的意见》	2018-6-25	从货币政策、监管考核、内部管理、财税激励、优化环境等方面提出23条具体措施，督促和引导金融机构加大对小微企业的金融支持力度。利息收入免征增值税的单户授信上限提高至500万元人民币。严格限制贷款机构收取财务顾问费、咨询费。优化营商环境，严厉打击骗贷骗补等违法违规行为
人民银行决定调整普惠金融定向降准小微企业贷款考核标准	2019-1-2	普惠金融定向降准小型和微型企业贷款考核标准，自2019年起由"单户授信小于500万元人民币"调整为"单户授信小于1 000万元人民币"
银保监会《关于做好2019年银行业保险业服务乡村振兴和助力脱贫攻坚工作的通知》	2019-3-1	要求大力发展农村普惠金融，实现农村金融与农业农村农民的共赢发展；要求各银行业金融机构实现普惠型涉农贷款增速总体高于各项贷款平均增速；要求各金融机构加大金融产品和服务模式创新力度，支持返乡农民工等农村新兴群体的创新创业等
银保监会《关于2019年进一步提升小微企业金融服务质效的通知》	2019-3-4	优化"两增两控"总体目标，推动增量扩面；巩固减费让利成效，降低小微企业综合融资成本；拓宽资金来源，强化正向激励；完善内部机制建设，充分调动基层"敢贷、愿贷"积极性；优化信贷技术和方式，提升服务效率；用好用足外部优惠政策，发挥政策合力；推动完善信用信息体系建设，缓解银企信息不对称难题；推动完善小微企业增信体系，提高风险分担能力和水平
国务院召开常务会议，确定进一步降低小微企业融资实际利率的措施	2019-6-26	要求推动银行降低贷款附加费用，确保小微企业融资成本下降。支持中小微企业通过债券、票据等融资

(续表)

政策	实施时间	政策解析
财政部、科技部、工业和信息化部、人民银行、银保监会《关于开展财政支持深化民营和小微企业金融服务综合改革试点城市工作的通知》	2019-7-17	中央财政在普惠金融发展专项资金中每年安排20亿元人民币支持试点城市工作，期限暂定3年（2019—2021）。对东、中、西部地区每个试点城市的奖励标准分别为3 000万元、4 000万元、5 000万元人民币
发改委、银保监会《关于深入开展"信易贷"支持中小微企业融资的通知》	2019-9-20	建立健全信用信息归集共享查询机制，建立健全中小微企业信用评价体系，支持金融机构创新"信易贷"产品和服务，创新"信易贷"违约风险处置机制，鼓励地方政府出台"信易贷"支持政策，加强"信易贷"管理考核激励，深入开展"信易贷"支持中小微企业融资工作
财政部发布修订后的《普惠金融发展专项资金管理办法》	2019-10-28	对创业担保贷款给予一定贴息，额度最高300万元，期限最长2年
国务院《关于进一步做好稳就业工作的意见》	2019-12-24	要求金融监管部门、金融机构落实普惠金融定向降准政策，完善小微企业融资担保管理体系，支持民营小微企业的发展，做好全社会稳定就业工作
银保监会《关于推动银行业和保险业高质量发展的指导意见》	2020-1-3	加大民营企业和小微企业金融产品创新；加大续贷支持力度，提高信用贷款和中长期贷款比重；积极稳妥发展供应链金融服务；探索金融科技应用，发展小微企业贷款保证保险，支持与国家融资担保基金、国家农业信贷担保联盟开展合作
银保监会《关于进一步做好银行机构"百行进万企"融资对接工作的通知》	2020-1-21	要求监管部门及金融机构完善工作推进机制，做好统筹指导、宣传组织和监测督促工作，进一步做好小微企业融资对接

(续表)

政策	实施时间	政策解析
银保监会、人民银行、发改委、工业和信息化部、财政部《关于对中小微企业贷款实施临时性延期还本付息的通知》	2020-3-1	为纾解中小微企业困难，推动企业有序复工复产，对符合条件、流动性遇到暂时困难的中小微企业贷款，给予临时性延期还本付息安排
银保监会《关于加强产业链协同复工复产金融服务的通知》	2020-3-26	加大产业链核心企业金融支持力度，优化产业链上下游企业金融服务，加强金融支持全球产业链协同发展，提升产业链金融服务科技水平，完善银行业金融机构考核激励和风险控制，加大保险和担保服务支持力度
银保监会《关于2020年推动小微企业金融服务"增量扩面、提质降本"有关工作的通知》	2020-4-7	引导银行业金融机构努力实现2020年小微企业贷款"增量、扩面、提质、降本"的总体目标
国家税务总局、银保监会《关于发挥"银税互动"作用助力小微企业复工复产的通知》	2020-4-7	创新"银税互动"产品，扩大受惠企业范围，助力小微企业复工复产
财政部、税务总局《关于延续实施普惠金融有关税收优惠政策的公告》	2020-4-20	对规定于2019年12月31日执行到期的部分税收优惠政策，期限延长至2023年12月31日，支持小微企业、个体工商户和农户的普惠金融服务
银保监会、工业和信息化部、发改委、财政部、人民银行、市场监管总局《关于进一步规范信贷融资收费 降低企业融资综合成本的通知》	2020-5-18	鼓励对小微企业实施差异化定价策略，按照保本微利原则厘定小微企业融资服务收费标准

(续表)

政策	实施时间	政策解析
人民银行、银保监会、发改委、工业和信息化部、财政部、市场监管局、证监会、外汇局《关于进一步强化中小微企业金融服务的指导意见》	2020-5-26	为疏通内外部传导机制，促进中小微企业融资规模明显增长，融资结构更加优化，进一步提出中小微企业信贷支持政策，开展商业银行中小微企业金融服务能力提升工程，完善激励约束机制，发挥多层次资本市场融资支持作用，加强中小微企业信用体系建设等
人民银行、银保监会、财政部、发改委、工业和信息化部《关于进一步对中小微企业贷款实施阶段性延期还本付息的通知》	2020-6-1	缓解小微企业还本付息压力，按照市场化、法制化原则，对符合条件的贷款实施阶段性延期还本付息
人民银行、银保监会、财政部、发改委、工业和信息化部《关于加大小微企业信用贷款支持力度的通知》	2020-6-1	通过创新政策工具，按照一定比例购买符合条件的地方法人银行普惠小微信用贷款，促进银行加大小微企业信用贷款投放
银保监会、财政部、人民银行、国务院扶贫办《关于进一步完善扶贫小额信贷有关政策的通知》	2020-6-24	进一步坚持扶贫小额信贷政策、扩大扶贫小额信贷支持对象、延长受疫情影响还款困难的扶贫小额信贷还款期限、满足扶贫小额信贷需求、做好扶贫小额信贷风险防控工作、加强扶贫小额信贷工作组织领导
银保监会《关于印发〈商业银行小微企业金融服务监管评价办法（试行）〉的通知》	2020-6-29	为科学评价商业银行小微企业金融服务工作开展情况和成效，制定监管评价体系，共五大类、42项指标
银保监会等七部门《关于做好政府性融资担保机构监管工作的通知》	2020-8-5	大幅提高以服务小微企业和"三农"主体为主要经营目标的政府性融资担保、再担保覆盖面，并明显降低费率

(续表)

政策	实施时间	政策解析
人民银行《关于落实好中小微企业贷款延期还本付息和小微企业信用贷款支持政策的通知》	2020-8-7	进一步明确延期还本付息和信用贷款支持政策细节，让中小微企业感到实实在在的获得感
人民银行、银保监会、财政部、发改委、工业和信息化部《关于继续实施普惠小微企业贷款延期还本付息政策和普惠小微企业信用贷款支持政策有关事宜的通知》	2020-12-30	巩固拓展疫情防控和经济社会发展成果，继续实施普惠小微企业贷款延期还本付息政策和普惠小微企业信用贷款支持政策
银保监会《关于深化银行业保险业"放管服"改革 优化营商环境的通知》	2021-1-4	持续提升服务质效，改善市场融资环境；授信中不得设置不合理条件，不得设置歧视性要求；支持应收账款、生产设备、产品、车辆、船舶、知识产权等动产和权利进行担保融资
银保监会《关于进一步规范商业银行互联网贷款业务的通知》	2021-2-20	强化风险控制主体责任，落实风险控制要求，加强出资比例管理和合作机构集中度管理
银保监会、住房和城乡建设部、人民银行《关于防止经营用途贷款违规流入房地产领域的通知》	2021-3-26	加强借款人资质核查、信贷需求审核、贷款期限管理、抵押物管理、贷中贷后管理、银行内部管理和中介机构管理，防止经营用途贷款违规流入房地产领域，继续支持好实体经济发展
人民银行、银保监会、财政部、发改委、工业和信息化部《关于进一步延长普惠小微企业贷款延期还本付息政策和信用贷款支持政策实施期限有关事宜的通知》	2021-3-29	普惠小微企业贷款延期还本付息政策延期至2021年12月31日。对于2021年4月1日至12月31日期间到期的普惠小微企业贷款，由企业和银行自主协商确定，继续实施阶段性延期还本付息

(续表)

政策	实施时间	政策解析
银保监会《关于2021年进一步推动小微企业金融服务高质量发展的通知》	2021-4-9	保持稳定高效的增量金融供给；继续加大小微企业首贷、续贷、信用贷款投放力度，重点增加对先进制造业、战略性新兴产业和产业链供应链自主可控的中长期信贷支持；通过依法合规的核销、转让等方式，加大对小微企业不良贷款的处置力度
人民银行、银保监会、发改委、市场监管总局《关于降低小微企业和个体工商户支付手续费的通知》	2021-6-24	对小微企业和个体工商户，降低银行账户服务收费、人民转账汇款手续费、银行卡刷卡手续费，取消部分票据业务收费
人民银行《关于深入开展中小微企业金融服务能力提升工程的通知》	2021-7-5	大力推动中小微企业融资增量扩面、提质增效；持续优化银行业金融机构内部政策安排；充分运用科技手段赋能中小微企业金融服务；切实提升中小微企业贷款定价能力；着力完善融资服务和配套机制；通过强化政策激励约束、开展政府融资环境评价、加强组织领导和工作情况报送等方式不断强化服务中小微企业的保障措施
国务院常务会议	2021-8-16	着力为市场主体纾困解难。落实好既定的减税降费举措，遏制乱收费。引导金融机构运用好降准资金等，加强对中小微企业的金融服务
人民银行《关于做好小微企业银行账户优化服务和风险防控工作的指导意见》	2021-10-14	聚焦小微企业开户流程优化、服务事项公开、账户风险防控和服务长效机制建设，提出一系列管理要求
国务院常务会议	2021-10-20	多策并举有针对性地加大助企纾困力度；防止大宗商品涨价向下游产业传导使中小微企业承受成本压力，推动中小微企业向"专精特新"方向发展

(续表)

政策	实施时间	政策解析
国务院常务会议	2021-10-27	对制造业中小微企业等实施阶段性税收缓缴措施，加大助企纾困力度
国务院促进中小企业发展工作领导小组办公室《提升中小企业竞争力若干措施》	2021-11-6	加强中小微企业信贷支持，加大小微企业首贷、续贷、信用贷、中长期贷款投放规模和力度；创新金融服务模式，提高供应链金融数字化水平；建立健全中小企业信用信息归集、共享、查询、公开机制
国务院促进中小企业发展工作领导小组办公室《为"专精特新"中小企业办实事清单》	2021-11-6	建立"专精特新"中小企业名单推送共享机制，加大对其信用贷款投放力度
国务院办公厅《关于进一步加大对中小企业纾困帮扶力度的通知》	2021-11-10	加大纾困资金支持力度，进一步推进减税降费，灵活精准运用多种金融政策工具
国务院常务会议	2021-11-17	一是构建统一的国家电子政务网络体系，打破信息孤岛，实现应联尽联、信息共享 二是要完善国家人口、法人、自然资源、经济数据等基础信息库 三是要推动政务数据按政务公开规则依法依规向社会开放，优先推动企业登记和监管、卫生、教育、交通、气象等数据开放
银保监会办公厅《关于持续深入做好银行机构"内控合规管理建设年"有关工作的通知》	2021-11-23	要大力发展普惠金融，不断改善小微企业和民营企业金融服务，确保服务实体经济各项政策要求落到实处
中央经济工作会议	2021-12-8	实施新的减税降费政策，强化对中小微企业、个体工商户、制造业、风险化解等的支持力度。引导金融机构加大对实体经济特别是小微企业、科技创新、绿色发展的支持

（续表）

政策	实施时间	政策解析
国务院常务会议	2021-12-15	将普惠小微企业贷款延期还本付息支持工具转换为普惠小微贷款支持工具；从2022年起，将普惠小微信用贷款纳入支农支小再贷款支持计划管理；构建全国一体化融资信用服务平台网络；完善金融机构发放中小微贷款绩效考核、尽职免责等规定；支持金融机构发行小微企业专项金融债券
工业和信息化部、发改委、科技部、财政部等19部门《"十四五"促进中小企业发展规划》	2021-12-17	大幅增加小微企业首贷、信用贷、无还本续贷和中长期贷款，推广随借随还贷款；进一步完善尽职免责的内容认定标准和实施流程；发挥国家融资担保基金、政府性融资担保机构作用
国务院办公厅《加强信用信息共享应用促进中小微企业融资实施方案》	2021-12-22	扩大共享信息范围，优化信息共享方式，优化信用信息服务，完善信用评价体系，强化风险监测处置，做好宣传引导
国务院常务会议	2021-12-23	支持金融机构向符合条件的小微外贸企业提供物流方面的普惠性金融支持
国务院办公厅《关于做好跨周期调节进一步稳外贸的意见》	2021-12-29	支持金融机构在依法合规、风险可控的前提下，利用普惠性金融政策，向符合条件的小微外贸企业提供物流方面的普惠性金融支持；按照市场化原则进一步加大对外贸企业特别是中小微外贸企业的信贷支持力度；引导金融机构向大型骨干外贸企业的上下游企业提供供应链金融产品
李克强主持召开减税降费座谈会	2022-1-5	引导金融机构、部分自然垄断行业向市场主体合理让利。要延续实施2021年年底到期的支持小微企业和个体工商户的减税降费措施

(续表)

政策	实施时间	政策解析
银保监会《关于银行业保险业数字化转型的指导意见》	2022-1-10	全面推进银行业保险业数字化转型，鼓励银行保险机构利用大数据，增强普惠金融、绿色金融、农村金融服务能力
李克强主持召开专家企业家座谈会	2022-1-20	采取综合措施降低企业特别是中小微企业融资成本，用好普惠小微贷款支持工具、支农支小再贷款等政策，加强对实体经济的支持
人民银行、市场监管总局、银保监会、证监会《金融标准化"十四五"发展规划》	2022-2-8	推进数字普惠金融产品和服务标准建设，加强数字技术在普惠金融领域的标准化应用；探索建立普惠金融高质量发展评价标准
国务院常务会议	2022-2-14	引导加强金融服务，人民银行提供激励资金支持增加普惠小微贷款等，推动制造业中长期贷款较快增长，促进企业综合融资成本稳中有降
中央全面深化改革委员会第二十四次会议	2022-2-28	促进普惠金融和绿色金融、科创金融等融合发展，提升政策精准度和有效性；有序推进数字普惠金融发展。完善普惠金融政策制定和执行机制，健全普惠金融基础设施、制度规则、基层治理，加快完善风险分担补偿等机制，促进形成成本可负担、商业可持续的长效机制
国务院常务会议	2022-3-14	引导金融机构把提升中小微企业融资可得性、降低综合融资成本的要求落实到位

(续表)

政策	实施时间	政策解析
国务院《关于落实〈政府工作报告〉重点工作分工的意见》	2022-3-25	引导资金更多流向重点领域和薄弱环节,扩大普惠金融覆盖面。推动金融机构降低实际贷款利率、减少收费,让广大市场主体切身感受到融资便利度提升、综合融资成本实实在在下降。推动普惠小微贷款明显增长、信用贷款和首贷户比重继续提升。引导金融机构继续对受疫情影响严重的行业企业给予融资支持,避免出现行业性限贷、抽贷、断贷。对市场前景好的特殊困难行业企业给予"无缝续贷"。发挥好政策性、开发性金融作用。推进涉企信用信息整合共享,加快税务、海关、电力等单位与金融机构信息联通,扩大政府性融资担保对小微企业的覆盖面,进一步推动解决实体经济特别是中小微企业融资难题
中共中央办公厅、国务院办公厅《关于推进社会信用体系建设高质量发展 促进形成新发展格局的意见》	2022-3-29	创新信用融资服务和产品,发展普惠金融,扩大信用贷款规模,解决中小微企业和个体工商户融资难题。加强公共信用信息同金融信息共享整合,推广基于信息共享和大数据开发利用的"信易贷"模式,深化"银税互动""银商合作"机制建设
国务院常务会议	2022-4-6	增加支农支小再贷款,用好普惠小微贷款支持工具,用市场化、法治化办法促进金融机构向实体经济合理让利,推动中小微企业融资增量、扩面、降价。设立科技创新和普惠养老两项专项再贷款,人民银行对贷款本金分别提供60%、100%的再贷款支持

(续表)

政策	实施时间	政策解析
银保监会《关于 2022 年进一步强化金融支持小微企业发展工作的通知》	2022-4-8	总量方面：继续实现普惠型小微企业贷款增速、户数"两增" 结构方面：力争普惠型小微企业贷款余额中信用贷款占比持续提高，实现全年新增小微企业法人"首贷户"数量高于上年，个体工商户贷款余额、户数持续增长 成本方面：在确保信贷投放增量扩面的前提下，力争新发放普惠型小微企业贷款利率较 2021 年有所下降 细化要求方面：加大对先进制造业、战略性新兴产业小微企业的中长期信贷投放，积极支持传统产业小微企业在设备更新、技术改造、绿色转型发展方面的中长期资金需求，建立健全"专精特新"中小企业的信息对接机制
国务院常务会议	2022-4-13	确定加大金融支持实体经济的措施，引导降低市场主体融资成本
人民银行、国家外汇管理局《关于做好疫情防控和经济社会发展金融服务的通知》	2022-4-18	强化金融科技赋能，推广主动授信、随借随还贷款模式，细化实化内部资金转移定价、不良容忍度、尽职免责、绩效考核等要求，优化信贷资源配置，加快提升小微企业金融服务能力
人民银行、银保监会联合召开金融支持实体经济座谈会	2022-4-19	重点围绕接触型服务业、小微受困主体、货运物流、投资消费等重点支持领域，及时在信贷资源配置、内部考核、转移定价等方面出台配套措施
国务院办公厅《关于进一步释放消费潜力促进消费持续恢复的意见》	2022-4-20	通过降低利率、减少收费等多种措施，向实体经济让利。对受疫情影响严重的行业企业给予融资支持，避免出现行业性限贷、抽贷、断贷。积极发展普惠金融，探索将真实银行流水、第三方平台收款数据、预订派单数据等作为无抵押贷款授信审批参考依据，提高信用状况良好的中小微企业和消费者贷款可得性

(续表)

政策	实施时间	政策解析
人民银行设立科技创新再贷款，引导金融机构加大对科技创新的支持力度	2022-4-28	科技创新再贷款发放对象包括国家开发银行、政策性银行、国有商业银行、股份制商业银行等共21家金融机构，额度为2 000亿元，利率1.75%，期限1年，可展期两次，采取"先贷后借"的直达机制，按季度发放，人民银行按照贷款本金的60%提供资金支持
中共中央政治局会议	2022-4-29	稳住市场主体，对受疫情严重冲击的行业、中小微企业和个体工商户实施一揽子纾困帮扶政策
国务院常务会议	2022-5-5	2022年国有大型银行新增普惠小微贷款1.6万亿元。对中小微企业和个体工商户合理续贷、展期、调整还款安排，不影响征信记录，并免收罚息。扩大国家融资担保基金、政府性融资担保机构对中小微企业和个体工商户的业务覆盖面。加大对中小微外贸企业信贷投放，支持银行对暂时受困的不盲目抽贷、断贷、压贷，梳理一批急需资金的予以重点支持
国务院办公厅《关于进一步做好高校毕业生等青年就业创业工作的通知》	2022-5-5	支持中小微企业更多吸纳高校毕业生就业，按规定给予创业担保贷款及贴息等扶持政策。对吸纳高校毕业生就业达到一定数量且符合相关条件的中小微企业，在安排纾困资金、提供技术改造贷款贴息时予以倾斜
国务院促进中小企业发展工作领导小组办公室《加力帮扶中小微企业纾困解难若干措施》	2022-5-9	对受疫情影响暂时出现生产经营困难但发展前景良好的中小微企业和个体工商户，银行根据自身风险管理能力和借款人实际情况，合理采用续贷、贷款展期、调整还款安排等方式予以支持，避免出现抽贷、断贷

(续表)

政策	实施时间	政策解析
财政部《关于发挥财政政策引导作用支持金融助力市场主体纾困发展的通知》		发挥政府性融资担保机构增信作用,加大创业担保贷款贴息力度,落实中央财政支持普惠金融发展示范区奖补政策
国务院办公厅《关于推动外贸保稳提质的意见》	2022-5-17	对于发展前景良好但暂时受困的外贸企业,不盲目惜贷、抽贷、断贷、压贷,根据风险管控要求和企业经营实际,满足企业合理资金需求。按照市场化原则加大对外贸企业特别是中小微外贸企业的信贷支持力度。鼓励银行和保险机构增加信保保单融资规模
国务院召开稳增长稳市场主体保就业座谈会	2022-5-18	引导金融机构对中小微企业和个体工商户贷款缓交利息
国务院常务会议	2022-5-23	2022年普惠小微贷款支持工具额度和支持比例增加一倍。对中小微企业和个体工商户贷款、货车车贷、暂时遇困个人房贷消费贷,支持银行年内延期还本付息;汽车央企发放的900亿元商用货车贷款,要银企联动延期半年还本付息。将商业汇票承兑期限由1年缩短至6个月
人民银行、银保监会召开主要金融机构货币信贷形势分析会	2022-5-23	支持中小微企业、个体工商户、货车司机贷款等实施延期还本付息。要加快已授信贷款的放款进度。要坚持市场化原则,平衡好信贷适度增长和防范金融风险之间的关系
国务院《扎实稳住经济的一揽子政策措施》	2022-5-24	商业银行等金融机构继续按市场化原则与中小微企业(含中小微企业主)和个体工商户、货车司机等自主协商,对其贷款实施延期还本付息,努力做到应延尽延,本轮延期还本付息日期原则上不超过2022年年底

(续表)

政策	实施时间	政策解析
国务院召开全国稳住经济大盘电视电话会议	2022-5-25	要全面贯彻新发展理念,着力保市场主体以保就业保民生,努力确保二季度经济实现合理增长和失业率尽快下降
人民银行《关于推动建立金融服务小微企业敢贷愿贷能贷会贷长效机制的通知》	2022-5-26	坚持问题导向,深刻认识建立长效机制的紧迫性重要性。推动普惠小微贷款明显增长、信用贷款和首贷户比重继续提升 一是健全容错安排和风险缓释机制,增强敢贷信心 二是强化正向激励和评估考核,激发愿贷动力 三是做好资金保障和渠道建设,夯实能贷基础 四是推动科技赋能和产品创新,提升会贷水平

参考文献

[1] 杜晓山，刘文璞. 从小额信贷到普惠金融［M］. 北京：中国社会科学出版社，2018.

[2] 闵小文. 普惠金融的理性思考与实证研究［M］. 南昌：百花洲文艺出版社，2020.

[3] 吴传俭，王玉芳. 健康普惠金融前沿问题研究［M］. 北京：中国财政经济出版社，2019.

[4] 焦瑾璞. 普惠金融导论［M］. 北京：中国金融出版社，2019.

[5] 王曙光. 普惠金融：中国农村金融重建中的制度创新与法律框架［M］. 北京：北京大学出版社，2013.

[6] 贝多广，莫秀根. 包容·健康·负责任：中国普惠金融发展报告（2019）［M］. 北京：中国金融出版社，2019.

[7] 罗汉堂. 新普惠经济［M］. 北京：中信出版社，2020.

[8] 焦瑾璞，陈瑾. 建设中国普惠金融体系——提供全民享受现代金融服务的机会和途径［M］. 北京：中国金融出版社，2009.

[9] 贝多广，李焰. 数字普惠金融新时代［M］. 北京：中信出版社，2017.

[10] 贝多广，莫秀根. 超越普惠金融［M］. 北京：中国金融出版社，2018.

[11] 曾燕，黄晓迪，杨波. 中国数字普惠金融热点问题评述

(2018—2019）［M］.北京：中国社会科学出版社，2019.

［12］何平平，黎勇登，彭世文.普惠金融背景下传统金融与金融科技融合研究［M］.北京：中国社会科学出版社，2019.

［13］茆俊强，田琪，张禄堂.聚焦普惠金融——小额贷款公司转型发展之路［M］.北京：首都经济贸易大学出版社，2018.

［14］杜晓山.建立普惠金融体系［J］.中国金融家，2009（1）.

［15］孙榕.实现包容性金融——访英国普惠金融委员会主席、英中贸易协会主席古沛勤爵士［J］.中国金融家，2019（11）.

［16］陈斌彬.从统一监管到双峰监管：英国金融监管改革法案的演进及启示［J］.华侨大学学报：哲学社会科学版，2019（2）.

［17］胡滨，程雪军.金融科技、数字普惠金融与国家金融竞争力［J］.武汉大学学报：哲学社会科学版，2020（3）.

［18］张明，刘瑶.金融三方面助力实现共同富裕［J］.中国金融，2021（17）.

［19］王忠民.实现共同富裕的金融使命［J］.中国金融，2021（17）.

［20］张全兴.以普惠金融改革推进共同富裕［J］.中国金融，2021（17）.

［21］白钦先，张坤.再论普惠金融及其本质特征［J］.广东财经大学学报，2017（3）.

［22］陈银娥，尹湘，金润楚.中国农村普惠金融发展的影响因素及其时空异质性［J］.数量经济技术经济研究，2020（5）.

［23］纪敏.农村金融改革的创新［J］.中国金融，2017（20）.

[24] 焦瑾璞. 构建普惠金融体系的重要性［J］. 中国金融. 2010（10）.

[25] 韩国强. 金融服务乡村振兴战略的思考［J］. 当代金融研究，2018（2）.

[26] 黄祖辉. 准确把握中国乡村振兴战略［J］. 中国农村经济，2018（4）.

[27] 黄益平. 金融支持共同富裕主要在于"一次分配"［N］. 中国金融四十人论坛. 2021.

[28] 焦瑾璞. 普惠金融的国际经验［J］. 中国金融，2014（10）.

[29] 欧阳佳俊，罗荷花. 普惠金融发展的国际经验借鉴及启示［J］. 商业经济，2019（1）.

[30] 中国银监会合作部课题组. 普惠金融发展的国际经验及借鉴［J］. 中国农村金融，2014（2）.

[31] 中国银监会普惠金融部课题组. 墨西哥、巴西发展普惠金融的经验与启示［J］. 中国农村金融，2016（12）.

[32] 黄进，玛格丽特·谢若登，邹莉. 普惠金融与金融能力：美国社会工作的大挑战［J］. 中国社会工作，2018（28）.

[33] 刘桂平. 关于中国普惠金融发展的几个问题［J］. 中国金融，2021（16）.

[34] 张洁. 美国社区银行如何助力小微企业融资［J］. 中国中小企业，2021（7）.

[35] 农发行赴英专题研修班课题组. 英国普惠金融与金融创新发展［J］. 农业发展与金融，2020（2）.

[36] 阳晓霞.发挥国有大行"头雁"作用——访农业银行普惠金融事业部总经理许江[J].中国金融家,2019（6）.

[37] 中国工商银行深圳分行,《中国城市金融》编辑部.践行普惠金融 让"深圳速度"再提速——中国工商银行深圳分行普惠金融业务发展纪实[J].中国城市金融,2019（6）.

[38] 陈四清.国有商业银行要当好普惠金融"领头雁"[J].旗帜,2019（3）.

[39] 李文凯,王静波.商业银行发展普惠金融事业部面临的问题与建议[J].吉林金融研究,2018（8）.

[40] 中国银行西藏自治区分行课题组.普惠金融现状分析及商业银行发展策略思考[J].国际金融,2018（2）.

[41] 孟扬.发挥国有大行"头雁"作用 深耕小微金融服务——访中国工商银行副行长胡浩[N].金融时报,2020-1-7.

[42] 潘功胜.关于构建普惠金融体系的几点思考[J].上海金融,2015（4）.

[43] 焦瑾璞,等.中国普惠金融发展进程及实证研究[J].上海金融,2015（4）.

[44] 郭田勇,丁潇.普惠金融的国际比较研究——基于银行服务的视角[J].国际金融研究,2015（2）.

[45] 祁灿.江苏银行基于互联网金融的小微贷款分析——以"e融"网贷为例[D].西南财经大学,2017.

[46] 唐铁祥,刘时辉."裕农通"赋能 擘画乡村振兴美丽画卷[J].金融电子化,2022（3）.

[47] 吕天贵. 科技加速度 服务有温度——中信银行战略性推进个人养老金融生态建设 [J]. 金融电子化, 2021 (9).

[48] 方合英. 积极构建金融服务乡村振兴新发展模式 [J]. 中国金融, 2021 (17).

[49] 李秀生. 新一代互联网银行数字普惠金融实践 [J]. 中国金融电脑, 2018 (5).

[50] 吴军. 以数字普惠精准支持小微企业发展 [J]. 金融电子化, 2021 (11).

[51] 任玉娜. 信用约束下我国普惠金融的发展困境及对策研究 [J]. 经济研究参考, 2020 (19).

[52] 赵建. 普惠金融的现实困境与突破思路 [J]. 山东社会科学, 2018 (12).

[53] 刘刚. 商业银行发展数字普惠金融探析 [J]. 农村金融研究, 2019 (8).

[54] 王晓曦. 中信银行的"稳"与"变": 2019 银行业的转型与落地缩影 [EB/OL]. 中国经济网, 2020 - 4 - 2. https：//baijiahao. baidu. com/s? id =1662845473695419761&wfr =spider&for =pc.

[55] 威海市探索构建"信财银保"企业融资服务平台 破解中小企业融资难题 [EB/OL]. 搜狐网, 2019 - 5 - 27. https：//www. sohu. com/a/316823024_99958888.

[56] 小微企业有福了, 大建行开启普惠金融的"双小"战略 [EB/OL]. 第一财经, 2018 - 5 - 3. https：//baijiahao. baidu.

com/s? id = 1599415775078486815&wfr = spider&for = pc.

[57] 谢水旺. 数字经济时代, 金融机遇何在? 资深从业者论道金融机构数字化转型 [EB/OL]. 21世纪经济报道, 2020 – 11 – 11. https: //www. sfccn. com/2020/11-19/5OMDE0MDZfMTYwNjg5OA. html.

[58] 邮政银行小微易贷 [EB/OL]. 希财网, 2019 – 4 – 29. https: //m. csai. cn/loan/6500717. html.

[59] 宋杰. 常熟农商银行"四个引领"推动普惠金融服务 [EB/OL]. 江苏经济报, 2021 – 6 – 24. http: //jsjjb. xhby. net/pc/con/202106/24/content_938810. html.

[60] 张东海. 江苏银行"税e融"开启秒级全自动贷款 [EB/OL]. 中国网, 2015 – 11 – 3. http: //it. people. com. cn/n/2015/1103/c223607-27772918. html.

[61] 好企优房贷 [EB/OL]. 重庆银行官网, 2020 – 10 – 28. http: //www. cqcbank. com/cn/jrfw/xwjr/xsdk/hqdxl/65770. html.

[62] 小微金融服务的台州模式 [EB/OL]. 台州市人民政府网, 2019 – 7 – 16. http: //www. zjtz. gov. cn/art/2019/7/16/art_1229200068_57257999. html.

[63] 周琳. 百信银行成立两周年 打造互联网银行新模式 [EB/OL]. 中国经济网, 2019 – 11 – 18. http: //www. ce. cn/xwzx/gnsz/gdxw/201911/18/t20191118_33635912. shtml.

[64] 基于支付宝"收款码"网商银行推出"多收多贷" [EB/OL]. 移动支付网, 2017 – 6 – 26. https: //www. mpaypass. com. cn/

news/201706/26182252.html.

[65] 探索互联网银行数字化发展，百信银行上线"百票贴"科技赋能小微企业票据融资需求［EB/OL］.财富头条网，2021－6－24.http：//www.jhrbs.com/jinhu/rd/2021/0624/062021_40769.html.

[66] 百信银行"百票贴"打造全线上化票据服务 化解小微三农融资难题［EB/OL］.搜狐网，2021－8－12.https：//www.sohu.com/a/483007255_120911203.

[67] 建设银行裕农通普惠金融服务 助力农户美好生活［EB/OL］.中国建设银行集团网站，2018－3－15.http：//www2.ccb.com/cn/ccbtoday/newsv3/20180315_1521079413.html.

[68] 荆辉帅."富民直通车"精准助农 创新产品深入金融空白村［EB/OL］.中国经济时报，2020－12－31.https：//baijiahao.baidu.com/s?id=1687519578348761527&wfr=spider&for=pc.

[69] 苏望月，等.更放心更安心更舒心——山东省威海市财政局打造"信财银保"平台解决中小微企业融资难纪实［EB/OL］.中国财经报网，2020－4－16.http：//www.cfen.com.cn/dzb/dzb/page_1/202004/t20200416_3499289.html.

[70] 博鳌亚洲论坛研究院，亚洲金融合作协会：亚洲金融发展报告——普惠金融篇［R］.2020.

[71] 中关村互联网金融研究院.中国金融科技和数字普惠金融发展报告（2020）［R］.2020－12－17.

后记

以仁爱之心，行普惠之道

完成这本《普惠之道》的时候，我在金融领域从业已近40年，曾长期从事银行的国际业务、零售金融业务，在中信银行主要领导岗位上服务近7年。掩卷沉思，40年的银行职业生涯里，我经历了国内商业银行多个阶段的变迁和转型，感触最深的是普惠金融的发展，从融资难、融资贵到如今上升到国家战略层面推动，普惠金融在全社会层面逐渐深入人心，已经成为国有商业银行的使命。

回想这段历程，我常常思考，做金融最难的事情是什么？我认为是做普惠金融，做金融最有成就感的事情是什么？答案还是做普惠金融。因此，在组织撰写这本《普惠之道》的过程中，我经常用第三者的视角去看，除了审视文中金融知识、专业术语、业务阐述的专业性之外，我更希望读者能从这本书的字里行间，找到其中的主线和脉络，也就是所谓的"普惠之道"到底是什么"道"？我希望能够感染读者、启发读者、引起共鸣的是这个"道"，即这本书的灵魂所在，而不是浩荡的、静止的文字本身。

在我的思想里，这个"道"就是仁爱之心，这也是我作为主编在这本书里想要最终传递给读者的鲜明的主张：以仁爱之心，行普惠之道。

《论语·颜渊》中学生樊迟问孔子"什么是仁"，孔子回答了两个字："爱人。"我在中信银行提出了发展普惠金融的"四有"愿景，叫作"有情怀、有使命、有温度、有仁爱"，其实"四有"本质上最终可归为"一有"——有仁爱，因为情怀、使命、温度均发乎于心，这个心就是要有一颗仁爱之心：普惠之道，即仁爱之道。

做好普惠金融，必须树立仁爱的人文精神。我国普惠金融的提出，是人文精神在金融领域的体现。银行在经营策略上，要树立为普罗大众提供金融服务的思想，致力于提高金融服务的覆盖率、可得性和满意度，真正体现金融服务社会的根本。

做好普惠金融，必须树立仁爱的平等思想。基础金融服务是现代商业社会的一种公共服务，也是每个人应该享有的基本权利。小微企业和低收入人群同样是客户、是"上帝"，都是银行的衣食父母，在诸如开户、支付、结算、有偿还能力的融资等基本金融需求方面，应做到一视同仁。

做好普惠金融，必须树立仁爱的利他情怀。做好普惠金融服务，需要银行人付出更多辛劳，要有锲而不舍的韧劲。商业银行虽同样也是企业，但有着服务社会、服务客户的特殊属性，必须多涵养仁爱之心、利他情怀，急功近利者是无法坚持长久的。放宽视野，普惠金融的使命会更加神圣和久远。

做好普惠金融，要保持仁爱的社会责任感。让越来越多的中小微企业享受到普惠金融服务的雨露甘霖，于困难时解燃眉之急，当是国有金融企业担当之举。银行人要甘于俯下身、弯下腰，换下西装，走出高楼，钻进羊圈牛棚，深入田间地头，走访厂矿车间，实实在在地把我们的服务送到广大客户和寻常百姓的心上。

心中有仁，眼里有爱，仁为善之基，爱因善而生，仁爱是一种宽容、善良与付出，是一种慈悲、善心与大爱，这种仁爱之心才应该是银行人服务普惠金融事业的精神内核，在奔向共同富裕"一个都不能少"的新时代，大国金融之大不仅仅在交易数据之大，更应该是无疆的大爱、无上的大情怀。

这是我金融从业历程的心得，也是写这本《普惠之道》的初心。"普"和"惠"是普惠金融的要素，"仁爱"乃是普惠金融的内核。

以仁爱之心，提升金融的温度。锦上添花易，雪中送炭难。在万物互联的当今时代，金融已经无处不在，金融有温度，社会才充满温情。我期望每一个金融人都能怀揣着仁爱之心，带着对普罗大众的深厚情感去做金融，用我们的温度，让小微企业感受到真普惠、普真惠的力度，为金融增添一抹不可或缺的温情和为民的底色。

以仁爱之心，提升金融的广度。小微企业、个体工商户、老年人、低收入人群等弱势群体数量庞大、融资需求旺盛、融资缺口巨大，我们用金融人的仁爱之心信守承诺，无私奉献，风雨同舟，耕耘普惠群体，赋能大众，用温润厚重与普惠客户携手共进，于精准滴灌处，以更高质量、更有效率的金融服务，陪伴普惠客户共成长。

以仁爱之心，提升金融的厚度。仁者不忧，智者不惑，从仁爱之心生发出的同理心、同情心，才能与普罗大众同呼吸，从而在金融场景的关键节点，找准解决问题的着力点，找到破解难题的好方法。只有仁爱之心才能真正催生人性化的金融产品、人性化的金融方案、人性化的金融服务。

国之大者，无外乎人民；民之盼者，无外乎福祉。以仁爱之心，行利民之举。执兴国之梦，助华夏复兴。在组织编写这本书的时候，我内心是有所期待的。我期待因为这本书，让人们更加了解普惠金融、关注普惠金融；我也期待金融从业者读完这本书，能更加坚守仁爱之心，行普惠之道，扶小助微，普千惠万，与大众携手奔向共同富裕的美好新时代。

望与读者飨，是为记。

李庆萍